SV

Band 1425 der Bibliothek Suhrkamp

Ernst Wiechert
Der Totenwald

Ein Bericht
Mit einem Essay von
Klaus Briegleb

Suhrkamp Verlag

Der Totenwald wurde 1939 geschrieben und 1945 veröffentlicht.
Klaus Briegleb hat seinen Essay für die vorliegende Ausgabe geschrieben.

Suhrkamp Verlag Frankfurt am Main 2008
Mit freundlicher Genehmigung der F. A. Herbig
Verlagsbuchhandlung GmbH, München
© 1977 by Langen Müller in der F. A. Herbig
Verlagsbuchhandlung GmbH, München
Für den Essay: © Suhrkamp Verlag Frankfurt am Main 2008
Satz: Hümmer GmbH, Waldbüttelbrunn
Druck: Druckhaus Nomos, Sinzheim
Printed in Germany
Erste Auflage 2007
ISBN 978-3-518-22425-0

1 2 3 4 – 12 11 10 09 08

Der Totenwald

Vorwort

Dieser Bericht will nichts sein als die Einleitung zu der großen Symphonie des Todes, die einmal von berufeneren Händen geschrieben werden wird. Ich habe nur am Tor gestanden
und auf die dunkle Bühne geblickt, und ich habe aufgeschrie-
ben, nicht so sehr was meine Augen gesehen haben, sondern
was die Seele gesehen hat. Der Vorhang hatte sich erst zum
Teil gehoben, die Lampen brannten noch matt, die großen
Schauspieler standen noch im Dunklen. Aber die Speichen
des schrecklichen Rades begannen sich schon zu drehen,
und Blut und Grauen tropften schon aus ihrem düster blit-
zenden Kreis.
Meine Stimme wurde aufgerufen, und sie erzählt. Andere
werden aufgerufen werden und erzählen, und hinter ihnen
wird die große, jenseitige Stimme sich erheben und sprechen:
»Es werde Nacht!«

Johannes – so sei der angenommene Name des Handelnden und Leidenden in diesen Aufzeichnungen – hatte die Mitte des Lebens schon überschritten, als ihm noch einmal, auf der Höhe eines anscheinend sicheren, beneideten und wohl auch nicht unberühmten Daseins, die Dinge dieser Welt wie die Meinungen von einer jenseitigen unsicher und schwankend wurden und eine immer zunehmende Verdüsterung der Seele seine Tage und Nächte beschattete. So daß jene in fruchtlosem Grübeln um die Ideen der Gerechtigkeit, der Menschenwürde und des Reiches Gottes auf Erden kreisten, indes diese von schweren, fast gestaltlosen Träumen beschattet und beladen wurden, wie sie ihm aus den Krisen seines vergangenen Lebens vertraut waren. Es schien, als leide die Seele in diesen vom Wachsen und der Dinglichkeit des Lebens abgelösten Stunden nicht nur am gewesenen Tage, sondern als stehe das Zukünftige, und zwar ein unheilvoll Zukünftiges, schon schweigend und mahnend an der verdunkelten Schwelle des Bewußtseins, formlos, sprachlos und auch gesichtslos, bis auf eine blasse Hand, unähnlich allen menschlichen Händen und schon einem ungekannten Zwischenreich angehörig, die auf eine ergreifende, fast drohende Weise aus den Schatten zwischen Traum und Wachen sich lautlos aufhob, um auf etwas zu weisen, das dem Schlafenden noch verborgen war.

Bedachte er in seinem stillen Zimmer, wo die vertrauten Bücher an den Wänden standen und der Blick durch die Fenster auf das Schweigen der großen Wälder ging, woher nun diese Trauer rühre und wohin die dunkle Ahnung sich wohl richte, die ihm Tag wie Nacht beschattete, so konnte ihm nicht verborgen bleiben, daß sein eigenes, ihm allein gehöriges Leben nicht allein den Anlaß dazu bot, sondern daß vielmehr auch der weitere und umfassendere Begriff des Volkes und des Vaterlandes, mit dem er doch fast ohne sein Wissen verhaftet war, den Keim dieser Traurigkeit in sich tragen mußte.

Von seinem einsamen Hof aus sah er nicht nur Wiesen und Wälder, das Tal des fernen Flusses und die noch fernere blaue Kette des Gebirges. Nicht nur sah er Leben und Schicksal der Seinen und jener wenigen, die als seine Nachbarn ihr Tagwerk erfüllten: Aus allen Teilen des Landes, aus allen Ständen und Lebensaltern kamen die Briefe zu ihm, die von der Not, ja von der Verzweiflung derer sprachen, die das Evangelium der Zeit leugneten und über die dieselbe Zeit nun mit dem erbarmungslosen Schritt hinwegging, mit dem zu allen Zeiten das Gericht der Gläubigen über den Ketzer hinweggegangen ist.

Er sollte raten und wußte sich selbst keinen Rat. Er sollte helfen und vermochte es nicht. Er wußte, daß die Kerker gefüllt waren mit Unschuldigen. Daß in den Lagern der Tod auf eine grauenvolle Weise erntete. Daß die Ämter von Unwürdigen besetzt, die Zeitungen von Marktschreiern geleitet wurden. Daß man Gott und sein Buch verhöhnte, die Götzen auf den Thron setzte und die Jugend unterwies, das zu verachten und anzuspeien, was die Hände der Alten aufgerichtet und verehrt hatten. Er wußte, daß ein ganzes Volk in wenigen Jahren zu einem Volk von Knechten geworden war. Knechte auf den Lehrstühlen der Universitäten, auf den Sesseln der Richter, auf den Pulten der Schulen, hinter dem Pfluge, der die Erde umbrach, auf den Kommandobrücken der Schiffe, vor der Front der Armeen, hinter dem Schreibtisch der Dichter. Knechte überall, wo ein Wort zu sprechen, eine Gebärde zu vollführen, eine Anklage zu unterlassen, ein Glaube zu bekennen war.

Er wußte auch, mit welchen Schmerzen, mit welcher Scham und mit welchem Zorn diese Knechtschaft sich erkaufte, und nicht immer brachte er es fertig, zu verurteilen, wenn er sah oder hörte, wie die Würde des Mannes vor der Angst der Verfolgung sich beugte und zurückwich, nicht anders wie der Hund vor der Peitsche sich beugt und zurückweicht.

Er vermochte es nicht, weil vor jedem Urteil die Frage ihn anrührte, ob er selbst denn so tapfer und ohne Fehl sei, daß das Richten ihm zustehe. Zwar hatte er in Reden und Schriften, in Briefen und Vorlesungen bekannt, was wenige seiner Zeit gesagt und bekannt hatten. Doch war ihm dies nicht nur durch den weiten und wohl auch tiefen Widerhall erleichtert worden, den seine Worte im Reich und jenseits seiner Grenzen gefunden hatten. Er war auch darüber hinaus zuzeiten der Meinung, daß man nicht wagen würde, sich seiner Person mit den üblichen Mitteln der Gewalt und Gesetzlosigkeit zu bemächtigen, weil man das Aufsehen scheuen werde, das solch eine Tat bei allen rechtlich Denkenden erzeugen mußte.

Wäre es aber in Wahrheit so, sagte er sich, so gehöre auch kein besonderer Mut dazu, wie es auch keine besondere Leistung sei, mit einem kugelsicheren Panzer in einen Kampf zu gehen.

Auch fehlte es natürlich nicht an Gelegenheiten, wenn auch an gering und unbedeutend erscheinenden, bei denen eine unbeugsame Haltung ein »Nein« gefordert hätte, indes er sich zu einem widerwilligen »Ja« bequemte. So daß das Gefühl der Scham ihm durchaus nicht fremd blieb und, immer wachsend, die reine Sicherheit seines Lebens zu zerstören begann, ohne Ausweg anscheinend als den des Märtyrertums, das die Schuld des Lebens mit Leiden zahlt und dessen Siegel mitunter das Zeichen des Todes trägt.

Aber auch dieses schien ihm nicht der letzte Weg der Erlösung. Zuviel wurde ihm von solchen berichtet, die nicht immer reinen Herzens nach dieser Krone strebten, ja, die nicht ohne Eitelkeit sich zu ihr drängten, das Los des Schicksals nicht gelassen erwartend, sondern es fast mit Gewalt herbeiziehend. Auch meinte er, daß damit noch nicht viel getan sei, sich selbst ein reines Gewissen zu gewinnen und allen Leidenden nichts zu hinterlassen als ein Beispiel.

So verging ihm der Winter als eine dunkle Zeit, und sein Tagebuch war erfüllt mit Worten der Bitterkeit, die er aus den Büchern vergangener Geschlechter entnahm, so mit dem Raabes von der Kanaille, die zu allen Zeiten Herr sei und Herr bleiben werde. Kein Tag verging, an dem er das Unrecht, die Gewalt, die Phrase, die Lüge nicht triumphieren sah, und wiewohl es ihm immer noch gelang, sich vom Haß als einem unreinen Gefühl freizuhalten, so sah er doch die Zerstörung seiner Seele sich langsam ausbreiten, wie er den Rost auf Pflanzen und Büschen seines Gartens sich mitunter hatte ausbreiten sehen.

Zu Beginn der ersten Vorfrühlingstage nun schien das Schicksal auf seinem schweigenden Gang auch an seine Tür klopfen zu wollen. Vielleicht hätte Johannes zu anderen Zeiten diese leise Mahnung überhört und sich über das Leid anderer mit dem billigen Trost hinweggeholfen, der allen lauen Herzen so reichlich zur Hand zu sein pflegt. Nun aber, da er mit einer gleichsam verbrannten Haut den leisesten Hauch des Unrechts wie ein glühendes Eisen empfand, traf ihn die Nachricht wie ein Schlag gegen sein eigenes Herz.

Es war nämlich soeben der Pfarrer, dessen Name in vieler Munde war, dessen Lebensweg von der Kommandobrücke eines Schiffes zur Kanzel geführt hatte und der als ein tapferer Bekenner für viele ein Licht in der Finsternis gewesen war, nach langer Haft vor ein Gericht gestellt worden. Das Gericht hatte auf eine Festungshaft erkannt und sie als verbüßt betrachtet. Am gleichen Tage aber hatte man den Freigesprochenen in ein Lager geschleppt, auf höchsten Befehl, wie es hieß, und die Wissenden sagten voraus, daß er dort sterben und verderben würde.

Hier war nun etwas geschehen, was Johannes den Sinn aller menschlichen und göttlichen Ordnung zu zerstören schien. Hier waren Recht und Gesetz gebrochen, Menschlichkeit und Dankespflicht, Anstand und Sitte. Hier wurde der Mensch getrieben, wie man »Vieh mit dem Stecken treibt«. Hier war das barbarische Zeitalter und das Reich des Antichrist. Und gleichviel, ob der Unglückliche die Kanzel mißbraucht hatte oder nicht: Hier wollte man weder strafen noch bessern, noch sühnen. Hier wollte man nur vernichten, wie der Mörder seinen Zeugen vernichtet.

Johannes kannte den Pfarrer nicht, aber schon in den Träumen der ersten Nacht nach dieser Botschaft hob sein Gesicht sich aus den Schatten der Zwischenwelt deutlich und mahnend auf, ein wissendes und schrecklich verlassenes Gesicht, das ihn mit einem fremden Blick streifte, als erwarte es sich auch von ihm nicht mehr als von den anderen. Es blickte vor sich hin, durch alle Nähe hindurch, bis in eine Ferne, an der nur die Todbestimmten teilhaben mochten und deren Einzelheiten sich auch den schrankenlosen Möglichkeiten des Traumes entzogen.

Von da ab kam das Gesicht immer wieder, alles wechselte und trieb vorüber wie auf einem schattenhaften Strom in diesen Träumen, aber das Gesicht war immer da. Der Körper darunter hatte die fahle Aufgelöstheit aller Traumbilder, und manchmal war es, als sei er gar nicht da und als schwebe das leidende Haupt auf einem silbernen Nebel, wie das Haupt des Täufers auf der Silberschüssel.

Damals erkannte Johannes, daß es ihm bestimmt sein würde, mit diesem Haupt zusammen zu leiden. Nicht daß er es erlösen würde, nicht einmal, daß er ihm helfen würde. Aber von dem stillen, einsamen Blick würden ihm die Kraft und die Verpflichtung herkommen, aus dem Sicheren in das Unsichere zu treten, aus dem Schweigenden in das Redende, aus dem Geknechteten in die Freiheit, und sei es auch nur die Freiheit des Gewissens. Keinem Menschen würde geholfen werden, aber dem Gesetz würde geholfen werden, das nicht an sich da ist, ein Außenseiendes, sondern das in den Händen der Menschen ruht, die sich zu ihm bekennen, und das zerbröckelt und zerfällt, wenn die Hände des Tragens und die Lippen des Bekennens müde werden.

In diese Zeit fiel die Rückkehr Österreichs an das Reich, wie man diese Vorgänge benannte, und damit ein neuer Schatten auf die Seele aller Rechtlichdenkenden. Selbst für den Gutwilligsten war es nicht leicht, das Reich Haydns und Mozarts, Beethovens und Schuberts wie die stillen Wälder und Ebenen Stifters nun eingehen zu sehen in die lauten Provinzen der Eroberer, in denen andere Melodien erklangen als das »Gott erhalte Franz den Kaiser!« und die Lorbeerkränze sich um andere Schöpfungen legten als um die adlige und schweigsame Schönheit des »Nachsommers«.

Doch fand Johannes in den Reden zu diesem Ereignis das Wort, das gleich einem Tropfen den Becher des Leidens zum Überfließen brachte, indem der Führer des Reiches zu sagen gewagt hatte: »Recht muß Recht sein, auch für Deutsche!«

Hier war nun der Anlaß, ein Wort in die Schranken zu fordern, und wie ein allgemeiner Satz auch für das Allgemeine gelten muß und nicht für einen listig ausgewählten Zweck, so mußte sich erweisen, ob dieser Satz nun auch für die gelten sollte, die des Rechtes am meisten bedürftig waren.

Auf ihn berief Johannes sich in dem Brief, den er an die leitende Parteibehörde seiner Landschaft schrieb und in dem er von der Teilnahme an allen Wohlfahrtseinrichtungen zurücktrat, mit dem Bemerken, daß er seine Unterstützung fortan nur der Frau und den Kindern jenes Pfarrers zukommen lassen werde, so lange eben, bis dieses Wort auch auf diesen angewendet werde statt auf den nebelhaften und demagogischen Begriff aller Deutschen.

Er wußte wohl, daß mit diesem Brief eine Entscheidung fiel. Vorüber waren die Zeiten, in denen man unbelästigt und ungestraft von einem freiwilligen Werk zurücktreten durfte. Vorüber die Zeiten, in denen ein Wort gleich seinem ursprünglichen Begriff war, und auch vorüber diejenigen, in denen ein Mann aus dem Volke seinem König sagen durfte, daß es noch ein Kammergericht gebe.

Zwar wich das Gesicht des Eingekerkerten nicht aus seinen Träumen, änderte sich auch nicht in dem Ausdruck seiner schrecklichen Verlassenheit, aber es war Johannes nun bisweilen, als weiche für Stunden wenigstens die Röte der Scham aus seiner Stirn und als habe er nun wieder ein Recht, in das stille Gesicht der Bäume oder seines Hundes zu blicken, ohne daß ihm aus ihnen die stumme Frage aller Kreatur mahnend und fordernd entgegensehe.

Johannes versuchte nun im stillen, um die Seinigen nicht zu beunruhigen, sein Haus zu ordnen und zu bestellen. Doch unterließ er, halb aus Trotz und halb aus Müdigkeit, an Briefen und Tagebüchern zu vernichten, was ihm als Feindschaft gegen den bestehenden Staat ausgelegt werden könnte. Weder war er ein Verschwörer, noch hatte er jemals Fäden mit solchen angeknüpft, die auf einen Umsturz der Ordnung ausgingen. Und es schien ihm unwürdig, Zeugnisse zu vernichten, in denen nichts anderes enthalten war als der Widerspruch eines reinen, fleißigen und gütigen Lebens gegen ein Reich der Halbbildung, der Gewalt und der Lüge. Auch hielt er sich vor seinem Gewissen immer noch an das Wort, daß man Gott mehr gehorchen müsse denn den Menschen.

Oft lag er schlaflos in der Nacht, hörte zu, wie der Kauz im Walde rief und die nächtlichen Zugvögel über die Bäume seines Gartens dahinrauschten, von denen er nicht wußte, ob sie ihm noch Früchte tragen würden. Kam dann ein Wagen den Weg herauf, so hob er wohl den Kopf, um zu hören, ob er am Tor halte und ob seine Stunde schon gekommen sei. Er wartete auf sein Schicksal, und als es in den ersten Maitagen kam, fand es ihn gerüstet und nicht einmal verwundert, daß die große Mühle nun auch ihn ergreife, um zu sehen, wie sein Korn beschaffen sei.

Er sah in der Morgenstunde den grauen Wagen am Zaun entlangfahren und am zweiten Tor halten. Er sah drei Männer aussteigen und wunderte sich, daß der Schäferhund diesseits des Tores freundlich wedelte, indes er selbst fast ohne Zweifel ahnte, wer dort Einlaß begehrte.

In seinem Arbeitszimmer, wo die Haussuchung begann, hatte Johannes dann Muße, Gesichter und Gebärden zu betrachten. Er durfte den Raum nicht verlassen, saß in seinem Sofa und rauchte, eine Decke über den Knien wie auch sonst, unbewegt in Gesicht und Haltung, aber mit schweren Gedanken bei den Seinigen verweilend. Er war nicht höflich, und auf manche Frage, die Unbildung und Plumpheit zur Genüge verriet, antwortete er mit einer Ironie, die auch den stumpfsten Geist erreichen mußte. Er wollte sich nicht mehr verbergen. Er wußte, daß man seit seiner letzten öffentlichen Rede vor vier Jahren auf diese Gelegenheit gewartet hatte, und eine so beharrliche Geduld sollte nun auch nicht enttäuscht werden.

Der Führende der drei und der einzige, der seiner Aufgabe geistig annähernd gewachsen war, zeigte nichts Unangenehmes außer einer beruflichen Hastigkeit in Blicken und Bewegungen. Es war zu sehen, daß er die Mißachtung empfand, die ihm als dem Vertreter eines unsauberen Handwerks gezeigt wurde, doch beherrschte er sich offensichtlich, und auch in Zukunft sollte sich zeigen, daß er nicht nur in den Formen sich über den Durchschnitt jener verruchten Einrichtung erhob, die als Geheime Staatspolizei bezeichnet wurde und deren asiatische Methoden mehr Blut und Tränen über das deutsche Volk gebracht haben, als es in hundert Jahren abendländischer Geschichte möglich gewesen war.

Der zweite war ein älterer Mann in einem grünen Lodenmantel, mit einem Gesicht wie ein Landbriefträger, der mit schweren Seufzern jede Mappe mit Briefen aufschlug, die man ihm reichte, und aus dessen Mienen abzulesen war, wie hoffnungslos er vor dem Sinn der Worte stand, in denen die Leser von Johannes' Werken ihm Dank, Ergriffenheit oder Zweifel zum Ausdruck gebracht hatten.

Mochte Johannes, wenn auch mit Widerwillen, hingehen lassen, daß diese beiden in seinen Briefen blätterten und der stille Friede seines Arbeitsraumes von ihnen wie von fremden, dunklen Schatten getrübt wurde, so mußte er vermeiden, auf die Gestalt des Dritten zu blicken, der groß und gewöhnlich wie ein Viehtreiber dastand, der aussah, als ob er kaum lesen könne, und der mit rohen und plumpen Händen durchwühlte, worüber Suchende und Fragende bei ihrer einsamen Lampe Zwiesprache mit Johannes gehalten hatten. Äußerte er einmal eine Meinung, über die Person des Schreibenden oder über ein Buch, das jener angeführt hatte, so geschah es mit dem bezahlten Haß eines Henkersknechtes und der Plumpheit des Analphabeten, der sich als Kenner des Geistes und der Seele gebärden möchte.

Was sie am begierigsten und am vergeblichsten suchten, war ein Briefwechsel mit ebenjenem Pfarrer und mit kirchlichen Persönlichkeiten überhaupt. Auch erhofften sie sich aus einem Berg von ausländischen Briefmarken die Aufspürung verdächtiger Beziehungen mit Emigranten. Als kein Erfolg ihre Tätigkeit belohnte, mußten sie sich auf die Briefe beschränken, in denen Johannes größtenteils Unbekannte kein Hehl aus ihrer Meinung über den »Geist der Zeiten« gemacht hatten, und auf das Tagebuch, das ihnen trotz seiner fast unleserlichen Schrift als ein mühsam gehobener und unbezahlbarer Schatz erscheinen mußte.

Es half Johannes nichts, daß er ihnen ein kürzlich ergangenes Reichsgerichtsurteil vorhielt, nach dem Tagebücher den Charakter von Selbstgesprächen besäßen und als Anklagematerial nicht zu verwenden seien. Man ging über diesen rechtlichen und also verpflichtenden Einwand ebenso schweigend hinweg wie über seinen empörten Widerspruch, als man Briefe seiner Frau an ihn zu lesen begann. Nur daß man etwas von einer Pflicht murmelte, die zu erfüllen sei, und Johannes wußte, daß die Geschichte der Staaten der Beispiele nicht ermangelte, in denen man die Nacktheit einer brutalen Tat mit dem Gewande eines sittlichen Wortes bekleidet hatte.

Er hörte die Uhren schlagen, sieben Stunden nacheinander,

und mitunter trat er an die Tür, die auf die Altane führte, und sah das grünende Land, die weißen Wolken an einem kühlen, blauen Himmel, die Hunde, die im Garten spielten, und obwohl er wußte, daß er dies nun alles verlassen mußte, den ganzen Ertrag und Sinn seines gesamten Lebens, für einen Zeitraum, den er nicht kannte, mit einem Ausgang, der im verborgenen lag, so bedrückte ihn das viel weniger für sein eigenes Selbst als vielmehr für die Seinigen, die lange genug in der Welt gelebt hatten, um zu wissen, in was für Händen dort die Waage hing und was ein Menschenleben für diejenigen bedeutete, deren stumpfes Evangelium die »Totalität des Staates« war.

Nachdem alle anderen Räume untersucht waren und man in der Bibliothek in einer Art von peinlicher Verlegenheit vor der unendlichen Versammlung der Großen aller Zeiten gestanden hatte, die in unnahbarem Schweigen auf diese menschliche Bedürftigkeit herniederblickten, eröffnete man Johannes, daß das »belastende Material« dazu zwinge, seine Verhaftung anzuordnen.

Er hatte immer gefürchtet, die Seinigen könnten in solcher Stunde der Entscheidung sich ihres Stolzes begeben, und was man in schlaflosen Nächten an Tapferkeit und Haltung gesammelt, könnte in der Stunde der Bewährung zusammenfallen wie Träume im harten Licht des Tages. Doch erwies sich zu seinem Trost, wie Sauberkeit und Adel der Gesinnung und der Ertrag eines ganzen sittlichen Lebens aller nackten Gewalt überlegen sind, denn das Antlitz seiner Frau war so unbewegt wie das seinige, als sie ihm in den kleinen Koffer legte, was mitzunehmen ihm erlaubt wurde. Zuoberst eine kleine, biegsame Ausgabe der Bibel.

Auch vollzog sich dies alles unter der ständigen Anwesenheit desjenigen unter den Schergen, den er als den niedrigsten und bösesten von ihnen erkannt hatte. Der nicht einmal gestattete, daß er von seiner Frau ohne Zeugen Abschied nahm, und auf die dahingehende Bitte nicht ohne Empfindlichkeit äußerte, er sei doch auch ein Mensch.

»Soso ...«, meinte Johannes.

Dann nahm er Abschied.

Die Tulpen blühten noch, als er über den Hof zum Tore ging, und in den Obstbäumen riefen die Stare. Er behielt alles in seinem Gedächtnis, aber als der Wagen nun den Berg hinunterfuhr, sah er doch nur das erstarrte Gesicht seiner Frau und weit dahinter, wie in einem fernen Nebel, jenes andere Gesicht, zu dem er sich nun gestellt hatte und das ihn lautlos zu sich rief, in die Gemeinschaft der Leidenden.

Er hatte aufrecht und unbewegt im Wagen gesessen. Nur einmal hatte einer seiner Begleiter sich umgedreht und gefragt, ob er bei der eben abgehaltenen Wahl (wegen der Einverleibung Österreichs) mitgestimmt habe.

Nein, er habe nicht mitgestimmt.

Man hätte ihn nicht zu fragen brauchen, denn man wußte es genau. Die »geheimen und freiwilligen« Wahlen dieses Staates waren ihm zur Genüge bekannt. Eine halbe Stunde nach Schluß der Wahl pflegte man diejenigen, die mit »Nein« gestimmt hatten, halb totzuschlagen.

Es war an einem Freitag, bei schwindendem Tageslicht, als man ihn im Palais einlieferte. Zu Zeiten der bayerischen Könige mochten die Herolde auf dem großen Innenhof gestanden haben, um die fürstlichen Gäste zu begrüßen. 1918 standen die Posten der »Roten« da, das Gewehr mit der Mündung nach unten über der Schulter. Nun war es die SS, die »Elitetruppe der Nation«, die ihn gleichgültig betrachtete. Alle Revolutionen haben den Hang nach Palästen.

Man führte ihn durch Säle, in denen nun Schreibtische und

Aktenschränke standen, und dann mit einem Fahrstuhl in ein Hintergebäude, aus dessen Keller sie eine Treppe hinaufstiegen. Zum erstenmal hörte Johannes schwere Eisengitter hinter sich zufallen. Er ließ seinen Koffer durchsuchen. Fremde Hände fuhren an seinem Körper herab, um zu fühlen, ob er Verborgenes und Verbotenes bei sich trage. Man fragte den Verwalter, ob er die Bibel mit sich nehmen dürfe. Es wurde mit einer verächtlichen Gebärde genehmigt.

Ein zweites Eisengitter schlug hinter ihm zu. Durch das Fenster eines Ganges sah er Bäume, deren junge Blätter dunkel vor einer Hauswand standen. Eine Kirchenglocke schlug hinter dem Garten.

Die Zelle trug die Nummer zwölf. Riegel wurden geöffnet, Schlösser aufgeschlossen. Man stieß die schwere Tür auf, und er trat ein.

Ein junger, schlanker Mann mit schwarzem Haar stand unbeweglich in der Mitte des kleinen Raumes, die Hände an die Hosennaht gelegt. Dann fiel die Tür wieder zu, die Schlösser knirschten, der Tag war zu Ende.

Johannes umfing mit einem Blick die Zelle und seinen Gefährten. Beide waren besser, als er gedacht hatte. Es war das Gefängnis der Geheimen Staatspolizei, vor kurzer Zeit erst durch Gefangene erbaut. Die Zelle war acht Schritte lang und drei Schritte breit. Der Fußboden war mit Linoleum ausgelegt, die Wände getüncht. Es gab einen Holztisch und zwei Schemel, die man an der Wand hochklappen konnte. Dasselbe geschah mit den beiden schmalen Eisenbetten zu beiden Seiten des Fensters. Es war vergittert, und die Milchglasscheiben waren in einem Winkel nach innen herunterzulassen, so daß man, darunterstehend, ein Stück des Himmels sehen konnte. Doch erwies sich bald, daß man das untere Fenster herausheben konnte, und wenn man auf die Wasch-

schüssel aus Zinn trat oder auf den schmalen Rand der hoch-
geklappten Betten kletterte, konnte man, vorsichtig im Schatten bleibend, auf den Hof hinuntersehen und über eine Mauer auf die Tonhalle und die dort entlangführende Straße.

Auch standen Häuser hinter der Mauer, in denen Menschen
in Freiheit sich bewegten, und abends flammte das Licht in
den Wohnungen auf, und man konnte sehen, wie eine Familie
sich um den Abendtisch sammelte oder wie ein junger Mensch
auf der Geige spielte. Man hörte nichts von den Tönen, die
unter dem Bogen aufstanden, und es war ein gespenstisches
Bild, wie der Arm sich lautlos hob und senkte, gespenstisch
wie die ganze Welt, die hinter Schlössern und Türen ihren
Gang nahm.

Johannes setzte den Koffer auf den Holzschemel, hing seinen Mantel an einen Mauerhaken, gab seinem Gefährten die
Hand und bot ihm eine Zigarette an. »Solange wir zu rauchen haben«, sagte er, »ist noch nichts verloren.«

Das war sein erstes Wort, das er sprach, und Karl – so wollen wir seinen Gefährten nennen – sagte ihm später, dieses
Wort habe ihm einen großartigen Eindruck gemacht. So unbeteiligt habe es über dem Jammer dieses Hauses gestanden, und noch niemand habe die Zelle so betreten.

Was nun allerdings Johannes als ein geringer Ruhm erscheinen wollte.

Es blieb nur wenig Zeit bis zur Dunkelheit. Johannes be-
stellte ein Abendessen für sie beide, wie er während seines
ganzen Aufenthalts in diesem Hause eine wohltuende Freiheit in solchen Bedürfnissen genoß und nicht auf die Gefäng-
niskost angewiesen war, vor der ihm bei aller Armut seiner
Jugend schaudern mußte. Dann wurde durch ein kleines Fenster in der Tür der Schlüssel hineingereicht, mit dem die Betten herabgelassen wurden, die Blechkanne wurde auf dem

Gang mit Wasser gefüllt, Johannes' Bitte, ihm frisches Bett-
zeug zu geben, wurde überhört, und dann waren sie wieder
allein.

Diese erste Nacht ist ihm lange im Gedächtnis geblieben, ob-
wohl er in den nächsten vier Monaten, der Dauer seiner Haft,
Nächte kennengelernt hatte, gegen die diese erste ein stilles
Paradies genannt werden konnte.

In seinem Bett (einer Seegrasmatratze, einem Laken, einer
bezogenen Decke und einem harten Kopfkissen, blau ge-
würfelt) hatte vier Wochen lang ein italienischer Kaffeehaus-
musiker geschlafen, der in Paris gespielt hatte und beim
Überschreiten der deutschen Grenze wegen Verdachtes des
Landesverrats verhaftet worden war. Es war Johannes nicht
leicht, sich auf diesem Lager auszustrecken. Wer aus einem
sauberen und verwöhnten Leben kommt, kann sich an Ein-
fachheit und Härte leicht gewöhnen, aber nicht an Schmutz
und jene Aufhebung der Grenzen zwischen dem körperlichen
Eigenleben, die an das innerste Wesen des Menschen rührt
und eine der furchtbarsten Äußerungen der Gewalt ist.

Sein Herz war ihm schwer. Die Wachlampen auf dem Hof
warfen ihr weißes Licht auf die Decke, der Schritt des Postens ging eintönig über Pflaster und Kies, die nahe Kirchenglocke schlug die Viertelstunden, ebenso schwermütig wie
die Rathausglocke in der französischen Stadt, in der er vor
zwanzig Jahren nach seiner Verwundung auf den Schlaf gewartet hatte. Aber was ihn am meisten ergriff, war der ruhe-
lose Gang eines Gefangenen über ihm, eines katholischen
Geistlichen, wie Karl ihm erzählte, der seit vielen Monaten
hier weilte und der die halben Nächte und einen großen Teil
der Tage seine Zelle so durchmaß. Sechs Schritte hin und sechs
Schritte zurück. Vom Fenster zur Tür und von der Tür zum
Fenster. Ein weit entfernter, leiser und schneller Schritt, der

Schritt eines Tieres hinter Gittern, verloren wie in einem leeren Raum und auf eine furchtbare Weise einsam und losgelöst von Leben und Welt.

Seine Gedanken gingen nicht in die Zukunft. Das Zukünftige würde sich erweisen, und er hoffte nur, daß er sich bewähren würde. Haltung war das einzige, was der Gewalt entgegengesetzt werden konnte, stärker als sie, weil sie nicht der Ketten und Riegel bedurfte. Auch hatte er nun zu erweisen, daß das Menschliche in ihm dem gleichkam, was er in seinen Büchern gelehrt hatte. Schmählich war das Dichteramt mißbraucht worden in diesen Zeiten, und von mancher Schulter hatte er den Mantel gleiten sehen, sobald der Sturm sich aufgehoben hatte. Es war ihm, als seien die Augen aller seiner Leser auf ihn gerichtet, und er nickte ihnen beruhigend zu. Für ihn sollte der Hahn nicht krähen.

Nein, seine Gedanken gingen zurück in das Leben, das er verlassen hatte. Er lag ohne Schlaf, aber die Seinigen würden nicht nur ohne Schlaf liegen. Immer trägt die schwerste Last, wer zurückbleibt, bei der Reise in das nächste Tal wie bei der Reise in den Tod. Immer ist der Blick in das Gewisse leichter als der ins Ungewisse.

Und dies war gut, daß sein Vater schon tot war und daß dem alten Mann erspart blieb, zu sehen, daß auch aus dem großen Wald der Weg ins Elend führen konnte. Rechtlichkeit war ihnen so heilig gewesen wie das Brot, das sie aßen. Und wenn Gott nicht einmal wagte, das Brot in Steine zu verwandeln, wie konnte der Mensch wagen, Rechtlichkeit in Schande zu verwandeln?

Segen über seinen Tod und Segen über alle Toten, die nicht erfahren hatten, wie das Land verdarb!

Am nächsten Morgen wurde er zur Vernehmung geholt. Er fand denjenigen unter den Beamten, der ihm als der Erträg-

lichste erschienen war, und ein junges Mädchen an der Schreibmaschine. Er wurde etwa sieben Stunden verhört. Da er nichts
getan oder geplant hatte, was ein Gericht hätte beschäftigen
können, so versuchte man mit allen Mitteln, seine Gesinnung zu erforschen. In der Gesinnung schon lag die Schuld,
die Sünde, das Verbrechen. Die groteske Naivität jener Weltanschauung, die jedes Andersdenken verdammte, offenbarte
sich ihm mitunter so, daß er an sich halten mußte, um seine
Meinung in eine höfliche Form zu kleiden.
Mitunter dachte er fast lächelnd an die Gestalt des Untersu-
chungsrichters in Dostojewskis »Raskolnikow«. Aber eben
nur lächelnd, denn was hier mit Freundlichkeit oder List
oder Zorn auf ihn eindrang, war nicht mehr als ein Dilettant der Dialektik. Er mußte auf der Hut sein, und zuzeiten
empfand er eine Art von Freude an dem geistigen Kampf,
aber im allgemeinen ergab sich keine Gefahr als die einer un-
vorsichtigen Formulierung, und vor ihr hütete er sich.

Er verriet nichts, auch nicht das Christentum. Er kannte Beispiele zur Genüge, die ersehen ließen, wohin es mit der Wahrheit, der Freiheit, dem Recht gekommen war, und er verfehlte
nicht, Gebrauch von ihnen zu machen. Er gab auch Irrtü-
mer zu, wenn sie ihm nachgewiesen wurden. Das Ganze ging
nicht ohne Höflichkeit vor sich und unter Beachtung guter
Formen, aber am Abend mußte er seine Lage als hoffnungslos betrachten. Es gab keine Verständigung zwischen diesen
beiden Welten. Sie schlossen einander aus. Es war Feindschaft zwischen ihnen gesetzt von den Urbegriffen an.
Inmitten des Verhörs durfte er den Besuch seiner Tochter
empfangen. Es war ihm schwer, das gute, reine Gesicht unter den Masken des Bösen zu erblicken, und er konnte sich
kaum der Tränen erwehren. Es war wie eine Stimme aus

einer versunkenen Welt, und sie verging wieder ins Wesen-
lose, kaum daß er sie vernommen hatte. Aber es blieb doch
ein Nachhall wie aus einem verlorenen Paradies.

Am Abend war er erschöpft und ohne Hoffnung. Der Sonntag lag vor ihm, und in Gefängnissen ist er der Tag, an dem
nichts geschieht. Alle andern Tage können etwas bringen,
zum Guten oder Bösen, eine Veränderung, einen Wechsel.
Der Sonntag bringt nichts als die Kette hoffnungsloser
Stunden, das Schweigen der Zellen und Gänge, das Fallen
eines Wassertropfens an einer fernen Leitung, tausendfach
wiederholt. Den Gang des Gefangenen über der Decke,
sechs Schritte hin, sechs Schritte her, den Uhrenschlag aus
der leeren Stadt, das leise Grauen des völligen Verloren-
seins.

Lange stand er auf der Zinnschüssel, die Arme auf das schmale Fensterbrett gelegt, und blickte hinaus. Ein paar Kinder
spielten unter den noch kaum belaubten Bäumen, und es
kam Johannes seltsam vor, die Verse ihrer Kinderlieder zu
den Gittern aufsteigen zu hören. Spaziergänger gingen die
Straße entlang, und um die Abendzeit bemerkte er, daß mitunter eine Dame vor den Plakaten der Tonhalle stehenblieb,
anscheinend ins Lesen vertieft, indes doch ihre Hand mit
dem Taschentuch eine verstohlene Bewegung machte, ein
Zeichen für einen der Gefangenen über dem Hof.

Später, im Lauf der beiden Monate, lernte er sie alle kennen und unterscheiden, und für immer ist ihm die Gestalt
einer jungen Frau im Gedächtnis geblieben, die täglich Stunde auf Stunde jenes Straßenstück auf und ab ging mit keinem
anderen Gewinn, als daß sie alle fünf Minuten ihr Taschentuch heben konnte und in der Ferne, hinter einem engen
Gitter, jenes Gesicht zu sehen vermeinen mochte, das Leid
und Glanz ihres schweren Lebens war.

Am Montag wurde, noch einmal in sieben Stunden, das Verhör beendet, aber inzwischen war eine Wandlung eingetreten, die Johannes nicht übersehen konnte. Alle Schärfe war verschwunden, und es hatte den Anschein, als versuchte man sogar, ihm über schwierige Stellen des Tagebuches hinwegzuhelfen. Mitunter schlug er selbst die Fassung des Protokolls vor, und niemals würde er dem Mädchen an der Schreibmaschine vergessen, daß es in unbewachten Augenblicken ihm irgendein Wort zuflüsterte, das er zu seinen Gunsten gebrauchen konnte.

Er erhob schriftlichen Einspruch gegen die Benutzung seines Tagebuches und gegen den Wortlaut seines Haftbefehls – »wegen betont staatsfeindlicher Gesinnung und Erregung öffentlicher Unruhe gegen Partei und Staat« –, und dann unterschrieb er. Der eigentliche Kampf war zu Ende. Die Akten gingen nach der Reichshauptstadt. Ihm blieb nun nichts übrig, als auf die Entscheidung zu warten. Wochen oder Monate oder Jahre.

Auch im Gefängnis gibt es Gewöhnung, Alltag und Sich-Fügen. Die ersten Tage der Verwirrung gehen vorüber, in denen man das Ganze für einen Traum hält, Briefe schreibt, von denen man die Freiheit erhofft, und bei jedem Klirren des Eisengitters am Ende des Ganges meint, es bedeute die Erlösung. Auch die flüchtigen Stunden vergehen, in denen man meint, das Recht müsse siegen, und in denen man erkennt, daß die Gewalt so unbeweglich ist wie die eisenbeschlagene Tür und die Gitterstäbe vor den Fenstern. Dann erst kommt die stille Stunde der Sammlung, der Überschau und der Einordnung, und hier erst besinnt man sich auf die inneren Kräfte, auf den Sinn des Geschehens, und beginnt den Gang des Schicksals zu begreifen.

Dann auch erst kehrt der stärkste Helfer zurück, die innere
Würde, mit der man im Strom einer fremden Welt steht, einer
Welt, deren Beweger so niedrig sind wie ihre Äußerungen,
deren primitives Hilfsmittel die Demütigung ist und die doch
ohnmächtig vor einem stillen, unbewegten Gesicht zurückweicht, weil sie keine Wirkung bemerkt, die ihrem Begreifen
angemessen wäre.

Der Alltag beginnt um sechs Uhr, wenn der Schlüssel an
die Tür klopft und eine freundliche oder unmutige Stimme
»Aufstehen!« ruft. Der Morgen ist die Stunde der Hoffnung,
und es kann vorkommen, daß selbst die grauen, schmutzigen Wände, dunkelgescheuert von ach so vielen Rücken,
Johannes freundlich erscheinen, während er das kalte Wasser
mit dem Schwamm über seinen Körper drückt. Es gibt nicht
allzuviel Mühe mit der äußeren Pflege, denn der Mann mit
dem Rasiermesser kommt nur am Dienstag und Freitag, und
wenn er einmal verhindert ist, sieht man besser nicht in den
blankgescheuerten Boden der Zinnschüssel, die als Spiegel
dient.

Dann, während Karl für sich das Seinige tut, steht Johannes
auf dem Rand des Bettes und raucht seine Morgenzigarette.
Im Schwesternheim rechts hinter der Mauer steht die junge
Schwester hinter dem Vorhang ihres Fensters und blickt her-
über. Selbst in der Entfernung sind ihre mitleidigen Augen
zu erkennen, und Teilnahme ist ein guter Morgengruß für
dieses Haus. Die Wohnungen hinter der Straße erwachen,
und der kleine Terrier des Verwalters macht die Runde auf
dem Hof. Die ersten Wagen werden aus den Garagen geschoben, und manchmal wird um diese Zeit schon ein neues
Opfer gebracht. Es steht wartend an einem Baum mit zuge-
schlossenem Gesicht, bis seine Begleiter es in die Mitte nehmen. Man hört die Gitter fallen und nach einer Weile die

Schritte auf einem der Gänge. Karl weiß immer genau, welche Zelle den Gefangenen aufnimmt.

Dann werden die Betten gemacht und hochgeklappt. Das Frühstück kommt, eine täglich neue Freude für den Gefährten, der wieder Kaffee, Brötchen, Butter und ein Ei erhält wie in einem kleinen Hotel. Man muß darüber hinwegsehen, daß zwei Schritte daneben ein Spülklosett steht. Es gibt Gefängnisse – und Johannes wird sie kennenlernen –, in denen statt des weißen Gehäuses nur etwas Unbeschreibliches steht.

Tisch und Schemel werden gesäubert, und nun warten sie auf den »Hauptchauffeur«. Er ist Hauptscharführer, aber einer von Karls früheren Gefährten hat ihm diesen Namen gegeben. Er ist ein großer, schweigsamer Mann, ohne Lächeln und Freundlichkeit, und seine Augen sehen immer dorthin, wo man nicht steht. Aber er tut niemandem etwas zuleide, und es gibt Schlimmere als ihn, grinsende, bubenhafte Gesellen, die die Macht der Knechte über die Herren zur Schau tragen.

Johannes und Karl stehen unter dem Fenster, wenn die Schlüssel in der Tür klirren, in militärischer Haltung, wie es vorgeschrieben ist. Karl ruft »Achtung!«, und der Hauptchauffeur sieht auf ihre Fußspitzen. Dann verkauft er Zeitungen – *die* Zeitung vielmehr, denn andere gibt es nicht – und Zigaretten und schreibt die Wünsche für das Mittagessen auf.

Während Karl die Überschriften der Zeitung mit Glossen versieht, spielt Johannes eine der Meisterpartien aus dem Schachbuch durch. Dann kommt Herr Keeser, und die Zellen werden gereinigt. Herr Keeser war Wachtmeister im Zuchthaus von Amberg, und er hat noch einiges von jenem traurigen Amt bewahrt: eine etwas dumpfe Schneidigkeit,

das Unzugängliche, Militärische und Autoritäre eines kleinen Spießers, der viele Jahre an jedem Morgen seinen Säbel
umgeschnallt hat. Er ist nicht klug, und es gibt Reibereien
mit ihm. Er prüft als einziger den Bettenbau, und Karl muß
»Achtung!« schreien, daß die Wände dröhnen.
Zuerst hat Johannes das meiste als würdelos empfunden.
Dann gewinnt er sein stilles Lächeln wieder, mit dem er
sein Leben lang die Theaterallüren der Menschen betrachtet hat; daß dies hier schlechtes Theater ist, ändert nichts
daran. Und sollte das große Theater dieses Staates nicht von
den ganz kleinen Leuten wiederholt werden? Beide spielen
schlechte Rollen mit geringen Mitteln, und diese hier sind
wenigstens ehrlicher und bescheidener als die Großen.
Eine Reinemachefrau wischt den Fußboden der Zelle auf,
während sie draußen Schüsseln und Kanne säubern. Es reicht
noch zu einem Blick durch das Gangfenster in den Garten
des Nachbarhauses. Die Blätter der Kastanien entfalten sich,
und manchmal geht eine Schwester mit einem Andachtsbuch
in der Hand langsam die Kieswege entlang. Es sieht so fromm
und still aus wie in einem Klostergarten.
Dann spielen sie Schach oder lösen Kreuzworträtsel. Johannes hat herausgefunden, daß sie die besten »Stundentöter«
sind, auch wenn er nach einiger Zeit erkennen muß, daß es
bei einiger Übung eine fast mechanische Tätigkeit ist, durch
deren dünne Decke die schweren Gedanken fast ungehin-
dert heraufsteigen.
Am Mittwoch und Samstag sitzen sie beide auf den hoch-
geklappten Betten und blicken durch den Spalt des Fensters
auf den Hof, wo der große schwarze Wagen vorgefahren ist,
der über das Polizeipräsidium ins Lager Dachau fährt. Sie ver-
suchen zu scherzen, und mitunter singen sie leise zweistim-
mig das Lied: »Wär' ja so gern noch geblieben, aber der Wa-

gen, der rollt ...« Johannes denkt an eine Szene aus Gorkis »Nachtasyl« oder aus Büchners »Danton«. Aber das Herz ist ihm schwer, wenn sie den Transport heraustreten sehen, einen oder zwei oder fünf. Für ein paar Tage ist das Schicksal wieder an ihnen vorübergegangen, und Johannes sieht, daß die Hände seines Gefährten zittern. Er ist ein Jahr in Dachau gewesen.

Alle zwei bis drei Tage kommt der Verwalter durch die Zellen. Er ist derjenige, der seiner kranken Frau den Kirchgang verbietet, weil er wie seine Genossen über »diese Dummheiten« hinaus ist, und der über der Leiche eines jungen Arztes, der sich in der Nebenzelle erhängt hat, die berühmten Worte gesprochen hat: »Solch ein dummes Schwein!«

Johannes nennt ihn den »Zuhälter des Systems«.

Er bläst den Rauch seiner Zigarre in die Zelle und fragt, ob alles in Ordnung sei. Karl bejaht diese Frage, und es läßt sich einsehen, daß es zu umständlichen Weiterungen führen würde, sie zu verneinen.

Um halb zwölf kommt das Mittagessen, und danach beginnt eine schwere Zeit. Johannes hat ein krankes Herz, und zu Hause hat er täglich ein paarmal ruhen müssen. Für einige Zeit darf er mittags sein Bett herunterlassen und liegen, aber dann wird es verboten. »Hier gibt es kein Lob der Faulheit«, sagt der Verwalter. Dann ziehen sie eine Decke aus seinem Bett, und er liegt auf dem Fußboden, indes Karl darauf achtet, ob das Gitter aufgeschlossen wird. Karl ist ein guter Kamerad.

Nach dieser kurzen Ruhezeit erscheint die Welt am trostlosesten. Johannes erkennt den furchtbaren Begriff der Zeit, der als ein leeres Grauen aus dem Boden steigt und sie umhüllt. Das Unbewegliche, außer ihm Seiende, durch keine Leidenschaft zu Rührende. Sie tropft in die Ewigkeit, und vor der Ewigkeit ist Johannes und sein Tag nur ein flüchtiger Nebelstreif.

Er liest täglich in den Psalmen, aber schon hier beginnt er manchmal zu fragen, ob Gott nicht gestorben sei. Nicht seines eigenen Schicksales wegen, sondern wegen der vielen, von denen er erfährt. Das Gefängnis ist erst ein oder zwei Jahre alt, aber jede Zelle hat schon eine lange Geschichte. Sie ist so geschrieben, daß er sie nicht vergißt.

Ein- oder zweimal in der Woche darf er die Seinigen für eine Viertelstunde sehen, nicht im allgemeinen Sprechraum, sondern drüben im Vernehmungszimmer. Er weiß niemals, ob es die leichtesten oder schwersten Stunden der Woche sind. Man kann verbergen, daß man leidet. Beide tun sie es. Aber auch der Tapferste kann nicht verbergen, daß er gelitten hat. Er kennt dies Lächeln mit den Lippen, indes im Spiegel der Augen der Widerschein tiefer Trauer erscheint. Doch hatten sie soviel Freude daran, ihn zu verwöhnen, und mitunter, in einem unbewachten Augenblick, erfährt er eine Botschaft von draußen: die Hilfe von Freunden, die Teilnahme der wenigen Treuen, eine Hoffnung, die wie ein Stern aufsteigt und langsam erlischt.

Das Herz ist ihm schwer, wenn er sie wieder gehen sieht, aber wieviel schwerer muß das ihrige sein, wenn sie ihm nachblicken, der mit seinem Wärter die Treppen hinuntersteigt, in das ihnen Unbekannte, das ihnen wie ein Abgrund erscheinen mag! Wenn er es nicht gewußt hätte, in diesen Monaten hätte er es lernen können, was die Liebe ist, die alles trägt und alles duldet und nicht nach dem Ihrigen fragt. Kein Leben wird lang genug sein, um es vergelten zu können.

Die Seinigen kommen am Vormittag zu beliebiger Stunde. Die öffentlichen Besuchszeiten sind am Dienstag und Freitag um drei Uhr. Dann sitzen sie, Karl und er, auf ihren Betten, von wo sie das Hofportal sehen können. Vorn, im Wachtzimmer, werden die Besucher zu Gruppen gesammelt, und in einzelnen Gruppen werden sie nacheinander von einem Beamten über den Hof geführt. Sie nennen das den »Elendszug«. Greise und Kinder – ja, auch Kinder –, Mädchen und Frauen. Mit Umschlagtüchern und in Pelzen. Gesund und aufrecht, und an Stöcken. Und der erste Blick fliegt, sobald sie den Hof betreten, an den vergitterten Fenstern in die Höhe, an deren Stäbe nun so viele Gesichter gepreßt sind.

Und nach einer halben Stunde wandert der Zug wieder zurück, langsam, gebeugt, die meisten in Tränen. Manche Frau hat erfahren, daß ihr Weg umsonst war – nach Dachau führen keine Wege mehr –, und sie lehnt ihren Kopf an den Stein des Tores und weint in hoffnungsloser Verzweiflung. Das Volk weiß, daß die Steine barmherziger sind in dieser Zeit als die Menschen.

Karl wartet auf seine Frau und wartet vergebens. Sie kommt wohl, aber er darf sie nicht sehen. Mit den »einfachen Leuten« gibt es nicht viel Umstände. Auch zieht die Wolke sich wohl schon über ihm zusammen, aus der nach acht Tagen der Blitz herunterfahren soll. »Wenn ich nur wüßte, was mit mir wird …«, sagt er wohl hundertmal am Tage. Es war eine Eigenschaft vergangener, schwächlicher Zeit, daß die Gefangenen »wußten«, was mit ihnen würde. Nun brauchen sie es nicht mehr zu wissen. Ungewißheit ist ein Machtmittel bestimmter Staatsformen. Um fünf Uhr kommt das Abendessen, damit die Beamten einen langen freien Abend haben. Der es bringt, ist ein junger Tischler aus einem Kloster, ein Muster von Güte, Ordentlichkeit und Bravheit.

Auch er »weiß« nicht, seit vielen Monaten nicht, nicht einmal, weshalb er da ist. Ab und zu können sie ihm verstohlen etwas zustecken, etwas Schokolade oder Obst oder Zeitungen. Und später bekommt er heimlich Johannes' kleine Bibel. Er ist sehr fromm, und das ist keine Empfehlung in diesem Haus.

Dann sitzen sie auf ihren Betten und lesen. Ein schmales Band der Sonne wandert um diese Zeit über die Zellenwand, über ihre Hände und Knie. Sie heben das Fenster aus, obwohl es bei Tage verboten ist, und halten die Finger in das goldene Licht. Es ist ihnen, als gehe der Trost des Himmels leise über sie hin.

Dann werden die Wände wieder grau. Drei Turmschwalben jagen draußen über dem Hof hin und her. Die Abendglocke läutet für die Schwestern im Nebenhaus.

Johannes steht wieder auf der Schüssel am Fenster und zählt an den jungen Kastanienblüten ab, ob er zu seinem Geburtstag frei sein wird oder zu Pfingsten oder zu Weihnachten. Er denkt an die Gefangenen, die er aus Büchern kennt, an den Grafen von Monte Christo, an den Prisoner of Chillon, an den Freiherrn von Trenck, an Fritz Reuter. Er beginnt zu ahnen, welches Leides die menschliche Seele fähig ist, welches Leides und welcher Kraft.

Dann waschen sie sich zum Abend, liegen auf ihren Betten und rauchen. Die Lampen flammen draußen auf, und an Johannes' Wand erscheinen die Schatten der Gitterstäbe wie ein Weinspalier. In dem Maße, in dem die Jahreszeit vorrückt, wächst das junge Laub an den dünnen Ästen auf dem Hof, und seine Schatten schmiegen sich nun in die Schatten des Gitters. Johannes kann meinen, daß er in einer Weinlaube liege, durch die der Wind leise geht, und er sucht die

Verse von Goethe zusammen, in denen von jungen Bäumen und dem Schatten die Rede ist.

Dann ziehen die Sterne auf, selbst über diesem Haus, und wenn er den Kopf zurückwendet, kann er sie groß und feierlich über den Zinnen des Palastes glänzen sehen.

Und nun fängt Karl an zu erzählen.

Karl erzählt gern. Er hat das Mitteilungsbedürfnis einfacher Naturen, und er hat eine wunderbare schauspielerische Begabung. Sein Gesicht, seine Hände, sein ganzer Körper leben.

Er war Galvaniseur in einem großen Münchener Betrieb, geschickt, anstellig, zuverlässig. Er war wohlgelitten wegen seines Frohsinns und kümmerte sich um keine Politik. Er liebte sein Motorrad, das schöne bayerische Land, sein Münchener Bier und die starken Männer, die öffentlich ihre Ringerkünste zeigten. Er war ein einfacher Mensch, leicht zu lenken und leicht zu verführen. Er war nur der Gewalt nicht zugänglich, und er war in eine verhängnisvolle Zeit hineingeboren. Er konnte keine braunen Uniformen sehen, und das zeugte für seinen guten Geschmack. Aber das brachte ihn auch ins Unglück.

Er war mit Bekannten in der Pfalz, und während er mit einem Freund und einem katholischen Geistlichen über die Straße ging, wurde dieser von »Braunhemden« beschimpft, wie es damals der billige Ruhm dieser jungen Garde war. Da Karl die Antwort nicht schuldig blieb, kam es schnell zu einer Schlägerei – bei dieser Gelegenheit zeigte er mit unnachahmlicher Grazie, wie man seinen Halbschuh vom Fuß ziehen müsse, um den Gegner damit zu erledigen –, aus der sein Widersacher mit beschädigter Nase und »losen Ohrwatscheln« hervorgegangen sei.

Doch wurden sie getrennt, und es geschah weiter nichts, als daß er in seiner Torheit einem der unbeteiligten Parteimänner seinen Namen angab.

Er kam nach Frankfurt am Main, und auch dort konnte er die »braune Farbe« nicht sehen, doch verliefen auch dort seine kleinen privaten Straßenschlachten ohne weitere Folgen. Wobei hervorgehoben werden muß, daß er ein einfaches Gerechtigkeitsgefühl besaß und seinen Halbschuh nur auszog, wenn es darum ging, Schwächeren gegen die Äußerungen des »spontanen Volkswillens« zu helfen.

Sein eigentliches Schicksal traf ihn in Mainz. Auch dort kam es in einem Biergarten zu einer Schlägerei mit Braunhemden, und einer der Beteiligten erkannte ihn aus der Pfälzer Begegnung wieder. Das Unglück wollte, daß er gerade diesen für ein paar Monate »lazarettpflichtig« machte, wie er sich ausdrückte, und daß ein anderer durch einen Messerstich schwer verletzt wurde.

Er war schon lange in München, war verheiratet und hatte ein Kind, als man ihn holen kam. Wie üblich belog man ihn, daß es sich nur um eine Auskunft über eine frühere Mieterin handle. Als er es durchschaute, war es zu spät. So tief ist im Volk noch die Achtung vor der Polizei aus früherer Zeit lebendig, daß es nicht glauben will, es könnte auf plumpe Weise belogen werden. Es geht bereitwillig in die gröbste Falle, und wenn ihm die Augen aufgehen, ist das Gitter zugeschlagen.

Er bestritt nichts. Er wollte in seiner Harmlosigkeit den anderen nur begreiflich machen, daß die Schuld mindestens auf beiden Seiten gelegen habe. Er wußte noch nicht, daß »die Uniform« niemals Schuld hatte.

Bevor das Gericht sich seiner annehmen konnte, brachte man ihn nach Dachau. Für ein Jahr. Er durfte nichts von seinen

Erlebnissen erzählen, aber der Haß überwältigte ihn. Derselbe glühende, erbarmungslose Haß, den Johannes später bei allen angetroffen hat, die durch die »Schule des Lagers« gegangen sind. Nicht etwa der Haß des Proletariers gegen die Polizei, sondern der Haß des einfachen Mannes gegen die abgründige Verderbtheit einer Schicht, die sich als die neue Rasse der Edlen bezeichnete. »Zuerst bekam ich ›Schlageter‹«, sagte er. Es war das erste Beispiel des wahrhaft grausigen Humors, den Johannes später im Lager kennengelernt hat.

»Schlageter« bestand darin, daß man ihn gleich am ersten Tag auf ein Brett schnallte, ihm eine Decke um den Kopf wickelte und ihn mit Peitschen und Rohrstöcken so lange schlug, bis er besinnungslos liegenblieb. Dann wurde er in einen lichtlosen Bunker geworfen, auf eine Holzpritsche, und blieb hier einen Monat lang. Ein- oder zweimal in der Woche kam der Arzt, um zu sehen, ob er es überstehen würde.

Er überstand es. Der Haß half ihm es überstehen. Aber seine Hände zitterten, indes er davon erzählte. Er wurde sogar »Capo«, eine Art von Vorarbeiter, der die Aufsicht über eine größere Gruppe von Gefangenen führt.

Damals tauchte zum erstenmal vor Johannes' Augen die schaurige Vision der Lager auf, die nachher Wirklichkeit werden sollte. Er glaubte nicht alles, nicht das Aufhängen von Gefangenen an den auf dem Rücken gefesselten Armen in den Ästen der Bäume, nicht an die langsame Ermordung unzähliger Juden auf ihren Arbeitsplätzen, nicht die zahllosen Selbstmorde der Unglücklichen, denen der Tod als ein Paradies erschien. Er *wollte* nicht glauben. Hinter allen Schatten und Flecken im Bilde seines Vaterlandes wollte er immer noch das Ursprungsgesicht sehen, ein einfaches, gläubiges, verträumtes Gesicht, nicht ohne Dumpfheit, Enge und Roheit, aber voll guten Willens, voll Ehrfurcht, voll Menschlichkeit.

Er war aufgewachsen im Geleit der besten dieser Gesichter, im Streben, ihrer würdig zu werden, ja, manchmal sogar in der leuchtenden Hoffnung, auch sein eigenes Gesicht könnte einmal im Abglanz jener mit Achtung oder Liebe genannt werden. Es war ihm, als häufe man Schande auf die Namen aller seiner Väter und als bestätige sich hier sein Gefühl aus dunklen Stunden der Vergangenheit, daß er sich nämlich mitunter seines Vaterlandes schämen müsse.

Er hatte Armut, Hunger und Not kennengelernt, Krieg und Revolution. Er hatte gesehen, wie ein gequältes Volk den rechten Weg verloren und im Haß seine Hände beschmutzt hatte. Aber es war in der Qual oder im Rausch des Gefühls geschehen und nicht in der vollen Überlegung entarteter Gehirne. Es war immer noch ein abendländischer Zorn und nicht eine asiatische Rache gewesen.

Und am furchtbarsten schien ihm, daß eine Frau, die berühmte oder berüchtigte Schwester Pia, Trägerin des »Blutordens«, am Weihnachtsabend sich vor diese Gemeinschaft der Verdammten hinstellen konnte, um ihnen ihren nationalsozialistischen Trost zu spenden, statt mit den Fäusten an die Türen aller ihrer Götzen zu schlagen und Schande auf jede Stirn herabzurufen, die angesichts dieser Verruchtheit zu atmen wagte.

Die Schatten der Gitterstäbe auf seiner Wand wurden immer schärfer, und immer noch wurde er nicht müde, zuzuhören. Eine unendliche Kette von Schicksalen zog sich durch die dunkle Zelle, Gesicht an Gesicht, Marter an Marter, und ein einziger, langgezogener Seufzer ging von ihnen aus, der die ganze Zelle erfüllte, das ganze Haus, den ganzen unendlichen Raum, unter den schweigenden, kalten Sternen. »Über

Sternen muß er wohnen«, dachte Johannes, und er erinnerte sich der Zeiten, als er dies in der Schule gelernt hatte, ergriffen und hinausgehoben über sich selbst, und jener Stunden, in denen er den Chor gehört hatte, den der taube Beethoven auf sein Notenblatt geschrieben hatte. »Über Sternen muß er wohnen ...«

Aber das Gefühl einer eisigen, hoffnungslosen Verlassenheit begann ihn zu überkommen, und zwischen den Trümmern der Illusion erschien, in noch ungeformten Zügen, das kalte Antlitz eines erbarmungslosen Daseins, dem auch er nun zu begegnen haben würde, ihm zur Not, aber, so hoffte er, ihm auch zum Segen. Nur die Blinden schlug das Schicksal ...

Sie waren nur eine Woche zusammen. Am zweiten Freitag saßen sie gegen elf Uhr bei einer Schachpartie, als der »Hauptchauffeur« erschien, mit dem roten Zettel in der Hand. Die rote Farbe bedeutete das Lager.

Dies also war das neue Recht: ein paar Monate Schutzhaft, ein Jahr Lager, drei Monate Gefängnis in einem ordentlichen gerichtlichen Verfahren, mit tadelloser Führung verbüßt. Aber dann nicht etwa die Freiheit, sondern für einen Monat erneute Schutzhaft, und dann von neuem das Lager, zum Zweck »nationalsozialistischer Erziehung«. Ein Vierteljahr oder ein Jahr oder fünf Jahre. Wie Vieh, das man »mit dem Stecken« treibt, ja, schlimmer als Vieh, denn es hat einen, wenn nicht barmherzigen, so doch auf den Nutzen bedachten Herrn. Es gibt keinen Bauern, der mit Rache auf sein Vieh blickt.

Es war zu sehen, wie es ihn traf. Er hatte immer gesagt, ehe er noch einmal ins Lager gehe, werfe er lieber das Leben fort. Aber wie immer kamen sie so über ihn, daß nichts fortzuwerfen war. Der Mann mit dem Zettel blieb stehen, bis er sein

Bündel geschnürt hatte. Man hatte keine Zeit, und es mußte schnell gehen.

Auch der Abschied. Sie gaben sich die Hand. Sie hatten beide einander viel zu danken, und sie wußten nicht, ob es ein Wiedersehen für sie gab.

Die Tür fiel zu, das Eisengitter schloß sich auf dem Gang. Johannes war allein.

Drei Monate später erfuhren die Seinen, daß Karl und er im gleichen Lager waren. Johannes erfuhr es zu spät. Er hat nichts mehr von ihm gehört, und er hat sich bis zur Stunde gescheut, seinem Schicksal nachzugehen. Er hat zu viele Schicksale auf eine grauenhafte Weise enden sehen, und er möchte sein Bild bewahren, wie er es in der Zelle auf einem Blatt festgehalten hat: auf der Schüssel stehend, die Arme auf dem Fensterbrett, den schmalen, dunklen Kopf vor den Eisenstäben.

Es war noch Hoffnung auf diesem Bild. Sie haben es dortbehalten wie seine Tagebücher, aus der Freiheit und aus der Gefangenschaft. Sie lieben nicht sehr, daß die Wahrheit unter die Leute kommt.

Es war noch Hoffnung auf diesem Bild. Eine gefesselte Hoffnung. Aber doch Hoffnung. Man kann sie ausspinnen in seinem Herzen.

Nur den Tod kann man nicht ausspinnen. Seine Fäden sind erstarrt.

Gleich darauf wurde er spazierengeführt. Es geschah nicht oft, alle acht, manchmal alle vierzehn Tage. Es war den Beamten unbequem, die Aufsicht dabei zu führen, und so hatten sie es darin nicht so gut wie die Zuchthäusler.

Nur die Leute aus den »Ehrenzellen« hatten es besser. Zu ebener Erde gab es ein paar Zellen mit weißbezogenen Betten und anderen Kostbarkeiten. Sie wurden von denjenigen Mitgliedern der Partei bewohnt, die an Auszeichnungen etwa das »Goldene Parteiabzeichen« besaßen, gleichviel was sie sonst mit der bürgerlichen und menschlichen Ehre angefangen hatten. Sie konnten also Staatsgelder unterschlagen oder einem Kind Gewalt angetan haben. Die Parteiehre reichte so weit, daß sie am Morgen aus ihren Zellen in den Park gehen und dort auf einer Bank ihre Zeitung lesen durften. Den ganzen Tag, wenn es ihnen beliebte. Und am Sonntag fand sich ein Kraftwagen, der sie bis zum Abend in die Stadt oder in die Landschaft fuhr. Sie blickten mit Verachtung auf die gewöhnlichen Gefangenen, die zwar keine Staatsgelder unterschlagen, sondern nur etwa ihr Mißfallen an solchen Unterschlagungen ausgesprochen hatten. Sie waren die Oberschicht in diesem Haus, und es wurde erzählt, daß der Verwalter ihnen persönlich das Mittagessen auftrug. Es war nun eben doch alles Gold, was glänzte.

Der Park schloß sich unmittelbar an die Hinterseite des Palais und war vom Gefängnis mit ein paar Schritten zu erreichen. Er hatte Rasenflächen und alte Bäume, und gleich hinter seinen Mauern standen die Häuser, hinter deren Fenstern die vielen traurigen Augen ihnen verstohlen folgten. »Recht muß Recht bleiben!« Das Volk wußte es eben doch besser als seine Führer. Sie gingen eine halbe Stunde auf und ab, zu zweien hintereinander. Da das Sprechen verboten war, tauschte man hier flüsternd alle Nachrichten aus, die es gab. Gefangene sind immer klüger als ihre Wächter.

Es war niemals eine schlechte Gesellschaft, die sich hier erging. Ein paar junge Menschen, die Studenten sein mochten, ein paar Geistliche, der österreichische Generalkonsul aus München und der frühere Leiter der österreichischen Konzentrationslager, ein Freiherr und vollkommener Edelmann.

Er war zuerst in einer der Ehrenzellen gewesen, und man hatte versucht, ihn dazu zu bewegen, daß er einen seiner Landsleute, einen hohen Aristokraten, unter einem Vorwande aus dem Ausland nach Deutschland locke, damit man ihn dann verhaften könne. Als er dies als Offizier und Edelmann abgelehnt hatte, war er aus seiner Ehrenzelle in einen Raum gebracht worden, wo er mit fünf einfachen Leuten zusammenleben mußte. Er ertrug es mit der ihm eingeborenen Würde, schaffte Spiele für sie alle an und war als ein musterhafter Kamerad geachtet und geliebt. Johannes sah ihn manchmal, wie er den Park von Papierresten säuberte oder den Spielplatz für die Kinder der Beamten harkte. Sein schmales, dunkles Gesicht sah immer gleich ernst und zugeschlossen aus, und mit demselben Gesicht hätte er eine Messe zelebrieren oder ein Familientestament eröffnen können.

Johannes zupfte gleich am Anfang ein junges Blatt von einem der Bäume, und während des ganzen Ganges atmete er von Zeit zu Zeit den reinen, noch herben Duft ein. Später, als der Flieder zu blühen begann, war es ihm schwer, in den Park zu gehen. Aus dem Duft stiegen zu viele Erinnerungen auf, und ein Gefangener soll nicht in Erinnerungen leben. Vor ihm steht die Zukunft als eine Gefahr, und die Gefahr verlangt ein kühles, ungetrübtes Auge.

Dann führte man sie wie eine Herde zurück.

Als Johannes seine Zelle wieder betrat, war er nicht allein. Ein junger Mensch – nennen wir ihn Martin – stand unter dem Fenster, und es war ihm anzusehen, daß er in diesen Gebräuchen nicht ohne Erfahrung war. Er trug einen Anzug aus grobem grauem Stoff und schwer genagelte Schuhe. Er kam aus dem Zuchthaus in Amberg, wo er, angeblich wegen sittlicher Verfehlungen, anderthalb Jahre zugebracht hatte, nachdem er vorher neun Monate lang ein Gast in diesem Hause gewesen war.

Es war Johannes nicht recht. Er war immer ein einsamer Mensch gewesen, schweigsam und in sich gekehrt. Und nun, nachdem er eben einen guten Gefährten verloren hatte, wollte er lieber allein sein. Auch verstimmte ihn zunächst die Neigung des anderen, Bibelworte in großer Menge anzuführen, und der Anlaß dazu erschien Johannes nicht immer passend.

Doch hat er ihm im stillen bald alles Unrecht abgebeten. Martin war nicht älter als vielleicht fünfundzwanzig Jahre, und in dieser Zeitspanne, die von der Natur dem frohen Wachstum zugeordnet ist, war er schon durch ein Grauen gegangen, wie es nur der Mensch dem Menschen zubereiten kann. Und doch hatte alles seine innere Heiterkeit wie seine Frömmigkeit nicht brechen können. Er war aus einer anderen Welt als Karl, nicht nur den äußeren Umständen nach. Sein Vater war Kaufmann im Saarland, und er hatte eine gute Schulbildung genossen. Ja, im Zuchthaus, nach den ersten schrecklichen Monaten, hatte er begonnen, mit Hilfe des Neuen Testamentes Griechisch zu lernen, was ihm sicherlich nicht nur die Verblüfftheit seiner Wärter, sondern auch den Hohn seiner Gefährten eingetragen hat.

Er war nach der Schulzeit in der Wuppertaler Gegend in die Diakonie eingetreten, hatte in Obdachlosenheimen und in der Inneren Mission gearbeitet, und was er von den inneren Zuständen dieser Kreise, insbesondere von der Tyrannenherrschaft der »Hausväter« erzählte, war ein schauriges Kapitel sektiererischer Orthodoxie und allzumenschlicher Unzulänglichkeit.

Dann war er nach einer Krankenpflegerausbildung in München dort in die Hitlerjugend gekommen und in eine untergeordnete Führerstelle aufgerückt. Auch hatte er eine bescheidene Anstellung bei der Stadtverwaltung gefunden, wo ihn das Schicksal dann ereilt hatte.

Die Amberger Zeit war wie eine stählerne Walze über ihn hinweggegangen. Es schien, als habe sie seine freie Menschlichkeit zerbrochen und ihm keine andere Lebensrichtschnur hinterlassen als den Kadavergehorsam. Zuerst erschien er Johannes wie ein entflohenes Tier, das aber immer noch an einer langen, dünnen Kette gehalten wird, und beim ersten selbstvergessenen Sprung gibt die Kette einen ganz feinen Klang, und ein jäher Schauder fällt über das erstarrende Gesicht. Die Erinnerungen sind da, die geschlafen haben, alle auf einmal, sich überstürzend, die Ermahnungen, Drohungen, die Gitter des Kerkers, die Masken der Wärter, und zurück bleibt eine gehorsame, fügsame, demütige Kreatur, die auf eine ferne Trillerpfeife lauscht, auf das Klirren von Schlüsseln, auf eine lautlose Hand, die sich auf dem Gang nach dem Lichtschalter tastet, um mit einer vernichtenden Helle das arme Tier in seinem Käfig zu überstürzen, ob es auch nichts Verbotenes tue in seiner dunklen Einsamkeit.

Man hatte ihm vor seiner Entlassung gesagt, daß er eine Fahrkarte nach seiner Heimat bekomme, und erst eine Stunde vor der Abfahrt hatte man ihm mitgeteilt, daß er – »leider« – noch einmal zur Überprüfung in die Arme der Geheimen Staatspolizei zurückkehren müsse.

Er ist dort noch fünf Monate »überprüft« worden ohne Verhör, ohne Erhebungen, ja, ohne auch nur den geringsten Grund. Vielleicht hat eine der Kreaturen oder das ganze System fünf Monate Zeit gebraucht, um zu überlegen, ob man ihn noch für ein Jahr in ein Lager stecken oder laufenlassen solle. Weshalb sollte er nach dieser furchtbaren Erschütterung seiner Jugend nicht noch fünf Monate oder fünf Jahre auf die Freiheit warten? Was waren fünf Jahre für einen Staat, in dem alles »gigantisch« und »ewig« war? Was ein Menschenleben, das sich einer Sünde schuldig gemacht hatte, mit der die Natur Platen oder Friedrich den Großen geschlagen hatte? Einer Sünde, von der die ganze Partei zerfressen war und mit der ihre obersten Führer jahrelang unter Kenntnis der ganzen Öffentlichkeit die Reihen der Jugend verwüstet hatten? »Es soll keinerlei Recht unter euch sein«, war im Alten Testament geschrieben worden, aber da dieses Testament nun als das Erzeugnis einer »satanischen Rasse« galt, so brauchten ja auch seine Gesetze nicht mehr zu gelten, und am Volk konnte ja nun mit barbarischer Roheit gestraft werden, was bei der Führung jahrelang straffrei geblieben war.

Inzwischen durfte Martin eine Mauer im Hof abbrechen oder jeden Montag den Wagen des Verwalters waschen. Man konnte sich seiner zu jeder Arbeit bedienen, da bei der geringsten Weigerung das Lager sich für ihn öffnen konnte. Er tat alles mit immer gleichbleibender Freundlichkeit, aber am Abend, wenn wieder ein Tag des Wartens vergangen war, brach es mitunter auch aus ihm heraus, der Haß der mißhandelten Kreatur gegen ihre Peiniger.

Es war Johannes ein tröstliches Gefühl in den sieben Wochen ihrer Gemeinschaft, daß er wenigstens einem Menschen etwas helfen konnte, nachdem er doch früher den Sinn seines Lebens darin erblickt hatte, jedem, der zu ihm kam, »schwere Stunde sanft zu machen«. Auch beschränkte seine Hilfe sich nicht darauf, Martin zu pflegen, der in einem jämmerlichen körperlichen Zustand aus jener Pflegeanstalt der Zucht zurückgekehrt war. Nicht einmal die geistige Hilfe schien ihm das Wichtigste, die er mit Büchern und Gesprächen leisten konnte. Wessen der für so lange Zeit aus der Bahn Geschleuderte am meisten bedurfte, das war die menschliche Aufrichtung, die nicht etwa im »geistlichen Zuspruch« bestehen durfte, sondern in der Überwindung des Gefühles der Zerbrochenheit und des Gebrandmarktseins. Und dies zu überwinden gab es nur eins: eine selbstverständliche Kameradschaft. Hier war in Johannes recht eigentlich der erste Mensch, dem Martin nach seiner Hölle begegnete; daß er ein Mensch in gereiftem Alter und nicht ohne Ansehen war, mochte in dem Geprüften das Gefühl eines wachsenden Zutrauens sicherer und stärker wachsen lassen.

Er hatte ja in dem grauen Haus in Amberg zur Genüge erlebt, auf welche zarte Weise geistlicher Zuspruch sich äußern kann. Es war da ein Mann eingeliefert worden, der fünfzehn Jahre dort zubringen sollte, und als der Anstaltspfarrer ihn am dritten Tag besucht und nach der Dauer seiner Haft gefragt hatte, war ihm, als er die furchtbare Zahl angegeben hatte, der freundliche Trost zuteil geworden: »Na also, mein Lieber, das ist doch nicht so schlimm! Sehen Sie, drei Tage haben Sie doch schon hinter sich!«

Sie lebten auf eine schöne, stille Weise miteinander, gaben sich gegenseitig selbstgefertigte Kreuzworträtsel auf und lasen alle Bücher zusammen, die Johannes erhielt. Die Stille der Zelle ließ ihm Zeit zu so schweren Büchern wie Zieglers »Überlieferung«, und nacheinander las er, was er sich lange in Muße zu lesen gewünscht hatte: Ricarda Huchs »Großen Krieg«, Olav Duuns »Juvikinger«, Stifters »Witiko« und »Nachsommer« und Pascals »Gedanken«. Daneben empfing er eine tiefe Tröstung von einer kleinen Schrift »Trost bei Goethe« und von Hoches »Jahresringen«.

Es war ihm merkwürdig, daß er nach kaum einem der Lebenden außer nach Hermann Hesse ein Bedürfnis empfand.

Nicht nur erkannte er in dieser Umgebung auf eine besonders störende Weise das, was er in diesen Jahren als ihre menschliche Unzulänglichkeit oft genug mit Bitterkeit erfahren hatte, sondern sie schienen ihm auch mit ihrer Leistung nur wie geringe Schatten in dem Licht der zeitlosen Großen zu stehen, und es verlangte ihn nicht danach, sich an ihrer schwachen Sonne zu wärmen. In den Zeiten der Prüfung wurden eben auch sie geprüft, und die Waage wog nun eben härter als sonst.

Auch empfingen die Seinigen in diesen und in den folgenden Monaten von keinem von ihnen auch nur ein Wort der Teilnahme, geschweige denn des Trostes, und nur aus dem Ausland und der dunklen Stadt Halle kam die Bewährung dichterischer Freundschaft, die sich vor Ächtung nicht fürchtete. Außerhalb dieses Kreises hat es Johannes und den Seinigen an Beweisen der Treue nicht gefehlt, und sie sind mit einer unerlöschlichen Schrift in ihr Gedächtnis eingetragen. Die anderen mögen wohl an Johannes gedacht haben, wie man in fröhlichen Stunden mit einem peinlichen Gefühl der Traurigen gedenkt; es war ihnen eben nach ihrer Wesensart bestimmt, zunächst an sich selbst zu denken, ihre Sicherheit und ihren guten Ruf, und diese Güter nicht dadurch zu gefährden, daß sie für jemanden Teilnahme äußerten, der der Staatsfeindlichkeit angeklagt war. Johannes trug es ihnen nicht nach, wie ja dem Wasser auch nicht nachzutragen ist, daß es sich nicht in Wein verwandeln läßt, außer unter der Hand Gottes, und diese Hand reicht wohl nicht in das bürgerliche Leben hinunter. Ja, er mußte ihnen wohl dankbar dafür sein, daß seine Augen später schärfer und klarer auf Menschen und Dinge zu blicken vermochten. Wer Falschgeld findet, wird nicht reich.

Sie empfingen zwei Besucher in ihrer Zelle während dieser

Zeit. Der erste war der Polizeipräsident, dessen Sohn im Zuchthaus saß und der Johannes einer besonderen Aufmerksamkeit würdigte. Aber als er auf die Frage, was für ein Buch er da eben lese, erfuhr, daß es die Bibel sei, drehte er sich um, als habe eine Schlange ihn berührt. So empfindlich können selbst hohe Beamte sein, dachte Johannes.

Der zweite war der Chef der Geheimen Staatspolizei dieser Stadt. Er wiederholte Johannes' Namen, als genieße er die Anwesenheit dieses Gastes auf eine besondere Weise, und musterte ihn vom Kopf bis zu den Füßen.

Beide trugen schwarze Uniformen. Beide waren sehr wohlgenährt, und beiden war eigentümlich, daß sie die Hände in die Hüften stützten und nur von der Seite her ihre Fragen stellten, als wäre es verächtlich für sie, einem Gefangenen gegenüberzustehen. Sie machten Johannes den Eindruck von Konkursverwaltern, die eine kümmerliche »Masse« betrachteten.

Es geschah so wenig in ihrem eintönigen Leben, daß sie lange von diesen Besuchen sprachen.

In diese Zeit fiel auch die schwerste Erfahrung, die Johannes in diesem Hause zu machen hatte. Eines Morgens wurde er zu seinem Vernehmungsbeamten geführt, und dieser brachte ihn eine Reihe von Treppen hinauf, bis in einen hellen Raum im Dachgeschoß. Dort wurde er in das »Verbrecheralbum« aufgenommen. Auch die Fingerabdrücke wurden ihm nicht erspart. Einen Augenblick lang dachte er daran, daß es leicht sein würde, eines der beiden Fenster zu öffnen und sich in den Hof hinabzustürzen, aber diese Regung ging vorüber. Man tat das nicht unter solchen Augen. Man hatte wie ein Stein im Schmutz zu stehen, ein Meilenstein an einer dunklen Straße. Der Schmutz würde vergehen, aber der Stein würde immer noch da sein, mit der eingegrabenen, schweigenden

Schrift, um den die Gräser blühten und welkten. Des Reiches Schande war nicht seine Schande.

Am Abend ließ er sich lange aus Martins schwerer Zeit erzählen. Martin war in diesem Haus neun Monate in Untersuchungshaft gewesen, und er kannte die Geschichte des Hauses wie ein alter Mieter. Er hatte viele Gefährten in seiner Zelle gehabt. Sie waren gekommen und gegangen, wenige in die Freiheit, viele in eine schwerere Haft, manche in den Tod. Er hatte die Lauten und Prahlerischen ertragen, die Stillen aufgeheitert, die Verzweifelten getröstet. Er war ein stilles Licht in diesem Dunkel gewesen, ein demütiger Diener Gottes, ein wahrhaftiger Samariter.

Ein SS-Mann war dagewesen, ein junger Lump mit unsauberen Liebschaften und einer Unmenge von Läusen. Ein siebzigjähriger Jude wegen sittlicher Verfehlungen. Ein Polizeidirektor des vergangenen Systems, der in Essen und Trinken schwelgte und ihn zusehen ließ. Ein österreichischer Nationalsozialist, den man für einen Verräter hielt und halb totgeschlagen hatte. Ein jüdischer Brauereibesitzer, den man den ganzen Tag mißhandelte und der abends auf seinem Lager flehentlich bat, Martin möchte ihm die Pulsadern durchschneiden, um seine Qualen zu beenden. Ein Kommunist, der sich mit einem Flaschensplitter in der Nacht die Adern öffnete.

Und jene drei Brüder, von denen einer es fertiggebracht hatte, aus diesem Haus zu entfliehen, bis man ihn zwei Tage später aufspürte und nach einem Beinschuß fing. Einer von ihnen saß im Zuchthaus und ging zugrunde, einer hatte sich im Stadelheimer Gefängnis in den Treppenschacht gestürzt, der dritte sich erhängt. Die Frauen waren im Zuchthaus. Alle waren »politische Verbrecher«.

Wieder sah Johannes den Zug der Elenden an sich vorüberziehen, Schatten, die schon der Auflösung verfielen, Erniedrigte und Beleidigte, und wieder dachte er mit Bitterkeit an den »Vater überm Sternenzelt«. In diesen Räumen schien es eine billige Lehre, daß die Demütigungen das Himmelreich erben sollten. Der es gelehrt hatte, war denselben Weg gegangen, aber es waren zweitausend Jahre vergangen, und mit Worten läßt sich kein Blut stillen. Er hörte es tropfen, an der Wand herunter, an tausend Wänden im ganzen Land, das Blut derer, die man schlug, weil sie nicht an den gleichen Götzen glaubten wie die Schlagenden.

Wofür hatte er gehungert, gestrebt und gearbeitet, wenn immer wieder nur das geschah, was zu allen Zeiten geschehen war? Der Sieg der Gewalt über das Recht, der Knechtung über die Freiheit, der Lüge über die Wahrheit?

Aber vielleicht war die Idee nur ein Samenkorn, das auf seine Zeit wartete, wie man von denen erzählte, die man bei den ägyptischen Mumien fand? Ihre Hände zerfielen, sobald man sie berührte, aber das Korn blieb. Vielleicht lebte man nur für solch ein Samenkorn, und man konnte ruhig zerfallen, wenn nur das Korn sich bewahrte.

Es war schwer, etwas zu wissen in diesem dunklen Haus, aber etwas mußte man wissen, um durch das Reich der Schatten hindurchgehen zu können. Und wenn es nur das war, daß man seine Würde bewahrte.

Auch Martin hatte es nicht leicht gehabt in diesem Haus. Die Frau des Verwalters hatte ihm eine Bibel geliehen, und ebenjener Chef der Staatspolizei hatte sie bei einem Gang durch die Zellen gefunden. Es war ebenso, als hätte er eine Schiffsladung mit Cholerabazillen gefunden. Der Frau des Verwalters wurde das Betreten der Küche verboten, die im gleichen Hause lag, und Martin wurde wie ein Aussätziger beschimpft, mit Worten, die er sich nicht zu wiederholen getraute.

Und dann hatte seine Amberger Zeit begonnen.

Die ersten Monate – viele Monate – hatte er in der Einzelzelle zubringen müssen. Er hatte Strohseile geflochten. Es war Vorschrift, daß man am Tag zwanzig oder fünfundzwanzig Meter ablieferte. Aber diese Vorschrift wurde niemandem mitgeteilt. Auf seine Frage hieß es: »Mindestens fünfzig.« Es gab Gefangene, die hundertzwanzig Meter am Tag herstellten in ihrer Angst.

Er empfing am Morgen einen großen Haufen Stroh in seiner Zelle, breitete ihn ebenmäßig auf dem Boden aus und besprengte ihn mit so viel Wasser, daß er feucht und biegsam war. In dieser Luft arbeitete er acht, zehn, zwölf Stunden. Seine Hände waren wund, die Zähne fielen ihm aus, auf einem Ohr verlor er das Gehör. »Anderthalb Jahre«, sagte er sich. Und während des Spaziergangs auf dem ummauerten Hof sah er diejenigen an, die zehn oder fünfzehn Jahre oder ihr Leben lang hierbleiben sollten. »Nicht so schlimm«, hatte der Pfarrer gesagt, »drei Tage haben Sie ja schon hinter sich ...«

Oft war er verzweifelt, aber sein Glaube hielt ihn wohl aufrecht. Oder seine Jugend. Er lernte früh, wieviel ein Mensch an Qualen ertragen kann.

Dann kam er in eine Gemeinschaftszelle und zur Arbeit in einen Steinbruch. Die Gemeinschaft war das Schwerste. Sie waren wie eingesperrte Tiere, immer bereit, einander zu zerreißen, und nur wenige bewahrten ihr Licht schweigend hinter der Hand. Da man sie von allem andern ausschloß, sanken sie in das Animalische zurück. Das Essen beherrschte ihr Denken, die geheimen Laster, der fressende Haß gegen die Kerkermeister, der das ganze Haus wie ein Geschwür erfüllte. Martin sagte, daß die Gottesdienste inmitten dieser Welt wie eine Ausgeburt der Hölle wirkten.

Vielleicht meinten manche der Vorgesetzten es gut, aber es fehlte nicht an niedriger Quälerei. Martin war ein Weihnachtspaket von seiner Mutter angekündigt worden. Man wird ermessen können, was es ihm bedeutete. Er empfing es nie. Auf seine Fragen wurde ihm erwidert, es sei nicht angekommen. Aber bei der Entlassung, als er auf dem Boden seine Sachen in Empfang nahm, fand er die Reste der mütterlichen Geschenke, zerstört und verdorben.

Einer der Schlimmsten war der Arzt, ein früherer Stabsarzt. Der nur in der Uniform herumstolzierte. Seine beiden »Assistenten«, die ihm zur Hand gingen, waren »Lebenslängliche«. Der eine hatte seine Frau vergiftet, der andere die seine im Backofen verbrannt. Es ließ sich denken, wie zart ihre helfende Hand war.

Es gab alle Verbrechen, die der menschliche Geist sich ausdenken konnte. Viele Homosexuelle waren da, Geistliche und Staatsanwälte darunter. Eine Reihe derer, die den Ertrag des »Winterhilfswerkes« zu ihrer eigenen Hilfe gebraucht hatten. Ärzte und Bankdirektoren, Lehrer und Gärtner, Arbeiter und Bettler, Erblindende und Krüppel, Greise und Sterbende. Und eine unendliche Zahl von »Hochverrätern«, so tapfer und hilfreich, wie Johannes sie später kennengelernt hat.

Was für eine Welt für einen jungen Menschen, der im dämmerigen Abendlicht unter dem hohen Klappfenster steht und das griechische Testament in den Händen hält!

Er überstand es, und er konnte nun fast heiter davon erzählen. Johannes wurde nicht müde, ihm zuzuhören. Niemals war das Gewebe menschlichen Schicksals so vor ihm ausgebreitet worden. Auch wußte er ja nicht, was ihm bestimmt war, und es war gut, tief in das Drachenblut hinunterzutauchen, um unverwundbar zu werden. Er wußte noch nicht, daß später, im Lager, jeder einzige der »Hochverräter«, der schon im Zuchthaus gewesen war, für jede Woche Lager ein Jahr Zuchthaus auf sich genommen hätte. Er wußte noch vieles nicht. Er hatte noch zu lernen.

Am Ende der siebenten Woche wurde er in das Vernehmungszimmer geführt. Außer dem Beamten war ein junger Mensch da, ohne besondere Uniform, höheren Ranges anscheinend und im Geistigen wohl ausgebildet.
Johannes hat niemals erfahren, wer es gewesen ist, aber er wurde gebeten, in einer Unterredung, die ausdrücklich als »nicht amtlich« bezeichnet wurde, über einige literarische Fragen Auskunft zu geben. Er erklärte sich einverstanden, und das Gespräch berührte nun alle Seiten seiner eigenen dichterischen Tätigkeit sowie sein Verhältnis zur Literatur der Gegenwart und besonders zur Erziehung der Jugend.
Er antwortete vorsichtig, aber ohne ein Hehl aus den Sorgen zu machen, mit denen ihn vor allem das erfüllte, was man »Kulturpolitik« zu nennen beliebte. Alles ging in höflichen Formen vor sich, nur als ihm am Schluß dringend empfohlen wurde, sich doch einmal in Baldur von Schirachs »Lyrik« zu vertiefen, konnte er sich eines stillen Lächelns nicht erwehren.
Als er dann aufstand, in der Annahme, nun verabschiedet zu sein, eröffnete ihm sein Vernehmungsbeamter, nicht ohne eine leise Befangenheit, daß nun die Antwort aus der Reichshauptstadt da sei und daß die Entscheidung leider auf die Überweisung in das Konzentrationslager Sachsenhausen bei Oranienburg laute.
Johannes, von dieser Nachricht im Innersten betroffen, bemerkte doch trotz seinem abgewendeten Blick, mit welcher Aufmerksamkeit er von den beiden betrachtet wurde, be-

hielt also sein unbewegtes Gesicht und stellte nur zwei Fragen: ob seine Frau es schon wisse und wie man sich bei seinem Gesundheitszustand seine Beteiligung an der schweren Lagerarbeit vorstelle.

Es wurde ihm erwidert, daß der Transport erst in einer Woche abgehe, daß seine Frau bei ihrem nächsten Besuch schonend unterrichtet werden würde und daß schließlich im Lager jedermann »entsprechend seiner körperlichen und geistigen Fähigkeiten« behandelt werde. Es war ein Satz, an den Johannes sich später oft erinnert hat.

Später, wenn er zurückdachte, schienen ihm die beiden nun folgenden Tage, bis zum Wiedersehen mit seiner Frau, die schwersten seines Lebens gewesen zu sein. Der Gedanke, daß sie noch nicht wußte und doch einmal wissen würde, drückte ihn viel tiefer zu Boden als das, was ihm bevorstand.

Es zog alles vorüber wie ein böser Traum, und nur das zerstörte und doch so tapfere Gesicht blieb ihm als ein Licht in dieser dunklen Zeit. Sie versuchten zu erreichen, daß er auf eigene Kosten allein mit einem Begleiter ins Lager führe. Sie steckten ihm auch einen Zettel zu, daß alles aufgehoben sei und er zur Geheimen Staatspolizei nach Berlin käme. Er nahm es alles dankbar, aber ohne Zutrauen hin. Sein Mißtrauen war nicht mehr zu besiegen. Er fügte sich, ja, er versuchte sich zu freuen, daß dieses zermürbende Warten nun ein Ende habe.

Sein körperlicher Zustand verschlechterte sich. Er hatte bis zu 120 Pulsschläge in der Minute und wurde zum Polizeiarzt gebracht. Das Ergebnis blieb ihm unbekannt.

Am Tag vor dem Abtransport wurde er zum Chef gerufen, der ihm in einer schnöden Weise bedeutete, daß von einem Einzeltransport keine Rede sein könne. Er widerspreche allen Vorschriften. (Was eine Unwahrheit war.) Man werde dafür sorgen, daß er seine Medikamente mitbekomme und der Transportführer ihm Erleichterungen gewähre. (Was die zweite Unwahrheit war.) Was schließlich die von Johannes geäußerte Befürchtung angehe, daß er mit Handschellen auf den Transport kommen werde, so sei dies eine »wahnsinnige Vorstellung«, von der gar nicht die Rede sein könne. (Was die dritte Unwahrheit war.)

Johannes nahm Abschied von den Seinigen. Er wird niemals sagen können oder wollen, was sein heiteres Gesicht ihn gekostet hat.

Am ersten Juli mittags, bei strömendem Regen, wurde er in das Polizeipräsidium überführt. Martin hatte ihn auf alles vorbereitet, ihm auch eine halbe Rasierklinge und einen kurzen Bleistift in seine Windjacke eingenäht. Sie nahmen so ernst voneinander Abschied, wie die Stunde es verlangte.

In dem Transportbüro, das wie ein Güterboden aussah, gab Johannes seine überflüssigen Sachen ab. Er behielt nichts als seine Kleidung. Das Rauchen war von nun an verboten. Man führte ihn viele Treppen hinauf in eine riesige Zelle und schloß die Tür hinter ihm. Hier hatte er bis zum Montag zu bleiben.

Er blieb an der Tür stehen und umfaßte mit einem langen Blick, was er in dem grauen Licht vor sich sah. Die Zelle war so groß wie ein Saal, und an den Wänden waren zwei fast zwei Meter breite Holzpritschen hochgeklappt. Eine Art von Matratzen lag zu Bergen gehäuft auf dem Fußboden. In einer Ecke befand sich ein Abort, fast unsichtbar vor Schmutz und einen furchtbaren Geruch ausströmend. Auf einer niedergelassenen Pritsche schliefen auf dem nackten Holz zwei Juden, die leeren Eßnäpfe zwischen den Füßen. Sie hoben die unrasierten, bösen Gesichter, knurrten eine Frage nach dem Woher und Wohin und sanken gleich wieder in einen schnarchenden Schlaf zurück. Der Regen rauschte an den blinden Fenstern herunter.

Johannes ging zu den vergitterten Scheiben und blickte durch einen Spalt hinaus. Er sah nur die den Hof umschließenden Dächer mit kleinen vergitterten Fenstern und ein Stück des grauen, strömenden Himmels darüber. Er zog seinen Mantel an und setzte sich in einer dunklen Ecke auf den Fußboden, so daß er den Rücken an die Matratzen lehnen konnte. Dann schloß er die Augen und sah nun seinen Hof und Garten vor sich. Die hohen Fichten rauschten im Wind, und die Stauden des Rittersporns neigten sich in den Beeten – hinter den Fenstern aber lagen die stillen Räume, mit Büchern erfüllt, und dort würden nun auch die Seinigen sein und auf den Regen lauschen.

Hier erst, an dieser Stelle, begriff er wohl, was er verloren hatte.

Lange Zeit saß er so, eine oder zwei Stunden. Dann kam man ihn wieder holen. Die Juden schliefen immer noch.

Jeder Wechsel schien ihm ein Glück, und so war es auch. Er kam zu dem Transport, mit dem er am Montag auf die Reise gehen sollte. Sie waren etwa achtzehn zusammen in einer Zelle, die nicht schöner war als die andere, eher noch schmutziger, aber er war nicht mehr allein. Hier empfand er zum erstenmal den Trost einer Gemeinschaft.

Sie gaben ihm eine der besten Pritschen dicht am Fenster, und während der ganzen Zeit ihres Zusammenseins begegneten sie ihm mit einer hilfreichen Kameradschaft. Er hatte sie nun dicht vor Augen, die Schatten, von denen Karl und Martin ihm erzählt hatten.

Auf der einen Seite neben ihm lag ein Schneider aus Halle, mit einem lahmen Bein, den seine Frau verlassen hatte und der in der plötzlichen Verfinsterung seines Gemüts mit allen

Stoffen, die man ihm anvertraut hatte, nach München gefahren war, um sie zu verkaufen. Es war kein Zweifel, daß er ein Dilettant des Bösen war. Er hatte allen Schaden schon ersetzt, auch seine Frau war zurückgekehrt, aber noch in der Betrachtung des Geschehenen, in seiner Reue und seinen Hoffnungen blieb er ein kleiner, verstörter Bürger, der keinem Schicksal gewachsen war.

Auf der anderen Seite lag ein dunkler und schwermütiger Mensch, einer aus einer Gruppe von dreien, die wegen »Hochverrats« zu vier Jahren Zuchthaus verurteilt waren und nun nach langen Monaten der Haft ihre Strafe antraten. Der zweite von ihnen war über siebzig Jahre alt, besaß in Südamerika eine Farm mit Frau und Kindern und war bei einem Besuch der Heimat in sein Unglück gekommen. Der dritte, ein junger blonder Mensch aus den bayerischen Bergen, sprach ihnen Mut zu, insbesondere dem Schwermütigen, der mit seinem Leben schon abgeschlossen hatte, und er erschien Johannes als ein Muster einer stillen, wortkargen und dennoch leuchtenden Tapferkeit. Sie alle waren auf die dem Dritten Reich übliche Weise, durch Denunziation, zu ihrem Schicksal gekommen.

Die Erfahrensten und infolgedessen Hilfreichsten der Zelle waren zwei großgewachsene ältere Menschen in grauen Anzügen mit breiten gelben Streifen, wie Gefängnisgeneräle. Sie waren zu einer Verhandlung aus dem Zuchthaus gekommen und kehrten nun, für noch ein oder zwei Jahre, wieder dorthin zurück. Der eine von ihnen war ein alter Einbrecher, schon mit grauem Haar, und beide hatten merkwürdig kühne, scharfgeschnittene Gesichter, die sie mit einer nachlässigen Würde zu den Wärtern drehten, sobald sie den Raum betraten.

Dann war dort ein junger Stubenmaler, der wegen Landes-

verrats angeklagt war und zur Verhandlung vor den Volks-
gerichtshof gebracht wurde. Er hatte nur die Freiheit oder
den Tod zu erwarten. Neben ihm lag ein junger Pole, der
sein Land verlassen hatte, um nicht Soldat zu werden, und
den man wieder auslieferte. Er sah aus wie einer der vielen russischen Gefangenen, die Johannes im Krieg gesehen
hatte, gesund, blond, gutmütig und mit der leisen Dumpfheit beschattet, die das Erbteil östlicher Erde ist. Er sprach
nur einige Worte der deutschen Sprache, und in ihnen rühm-
te er auf eine plumpe, fast bärenhafte Weise die Wahrheit
als eine deutsche Grundtugend. Wahrscheinlich war er erst
kurze Zeit im Lande gewesen.

Unter den anderen erinnert Johannes sich nur noch an drei.
Der eine war ein junger österreichischer Hochstapler, frech
und von schäbiger Eleganz (der übrigens von den anderen
verächtlich behandelt wurde), der zweite ein älterer Vaga-
bund, der ins Arbeitshaus kam, mit einem blöden Gesicht
wie aus schlechtem Holz und von einer Schmutzigkeit, die
alles übertraf, was Johannes in dichterischen Träumen sich
hätte vorstellen können. Der dritte war ihm der liebste von
allen, ein junger Jockey, von einer jüdischen Mutter stam-
mend, mit ganz zarten Gelenken und von einer zurück-
haltenden Artigkeit, die ihm jedes Herz gewann. Er hatte
in einer leichtsinnigen Stunde eine Unterschlagung begangen.

Das waren nun seine Gefährten, bis das Schicksal sie alle auf
ihren eigenen Weg und in ihre eigene Zukunft führen würde.
Johannes hätte es viel schlechter treffen können (und hat
es zwei Nächte später viel schlechter getroffen) und war es
zufrieden. In der Gefangenschaft versinkt das Vorhergegan-
gene schnell, und seine stille Zelle mit Martin erschien ihm
schon wie ein schöner Traum hinter einem tiefen Nebel.

Auch besaß er ja jene dichterische Neugier, der jedes Menschenschicksal eine neue Welt ist, und die bitterste Erfahrung konnte noch ihren Trost in sich tragen. Am meisten litt er unter der schrecklichen Unsauberkeit der Zelle, unter den obszönen Zeichnungen, mit denen die Wände bedeckt waren, unter dem Anblick des Wasserbeckens und der verschwiegenen, hier ganz öffentlichen Ecke, die von Schmutz so starrten, als seien Jahrhunderte über sie hingegangen.

Was taten sie nun, »auszufüllen die Leere der Stunden und die lange, unendliche Zeit«? In primitiven Verhältnissen sinkt der Mensch leicht zu der Befriedigung der einfachsten Bedürfnisse herab, und Essen, Schlafen und etwa Rauchen erfüllen seine beraubte Welt. Was man ihnen reichte, war für Johannes ungenießbar, der Schlaf würde kommen oder nicht kommen, später, wie es ihm gefiel. So blieb nur der Blick in die bunte Welt und das Rauchen. Johannes hatte an seinem bloßen Körper eine schmale Schachtel mit zehn Zigaretten verborgen, wie Martin es ihm anempfohlen hatte. Mit diesem Schatz erschien er den anderen wie ein Gott, und auf jeden entfiel eine halbe Zigarette. Danach wuschen die beiden »Generäle« Kautabak, das einzige, was man kaufen durfte, preßten ihn in einem Tuch aus, ließen ihn trocknen und drehten daraus mit Klosettpapier Zigaretten, die von Mund zu Mund gingen. Nicht überall in der besten Gesellschaft meint Johannes soviel Feinheitsgefühl angetroffen zu haben, wie er es hier darin erblickte, daß man immer ihm die Zigaretten zu den ersten Zügen reichte. Auch gehörte ein sehr starker Mann dazu, um von diesem Erzeugnis der Not und Geschicklichkeit mehr als ein paar Züge zu vertragen.

Der Regen rauschte die ganze Nacht und den ganzen nächsten Tag. Sie sprachen und schwiegen, rauchten und schliefen. Johannes wußte, daß auch die längsten Nächte vorübergehen. Die am Sterbebett seiner Mutter war vorübergegangen, die an einem andern Totenbett, viele andere, deren Qual über den Rand des Bechers getropft war. Man mochte meinen, daß das Herz zerreiße, aber es öffnete sich nur wie unter einem Geschoß, das den Körper durchschlug, und schloß sich dann wieder über der Wunde. Und schließlich blieben nur die Narben.

Einmal in der Nacht gedachte er jenes vielgewandten Dichters, der im Dritten Reich zu einem hohen Amt gekommen war und der ihm einmal auf eine Beschwerde tadelnd erwidert hatte, daß erst dieses Reich seit Goethes Zeiten zum erstenmal die Würde der Kunst wiederhergestellt habe. Einige meinten, hatte er hinzugesetzt, zum erstenmal seit Walther von der Vogelweide. Johannes mußte lächeln, als er sich daran erinnerte, und wie jener nun wohl behaglich auf dem Lager seiner Würde schlummerte. Er war es doch zufrieden, daß er nicht an seiner Stelle war.

Am Montag wurden sie vor vier Uhr geweckt. Um halb fünf bestiegen sie im Hof den großen Polizeiwagen. Die Sonne schien, und große weiße Wolken zogen über die steilen Dächer. Sie hielten hinter dem Hauptbahnhof, und beim Verlassen des Wagens wurden sie zu zweien mit Ketten aneinandergeschlossen. Dann führte man sie die ganzen Bahnsteige entlang bis zu ihrem Zug.

Auch zu dieser frühen Stunde waren schon viele Menschen da, und Johannes sah sie wie Schatten. Er ging sehr gerade, den Blick vor sich hin in die Ferne gerichtet. Es mochten ihn alle sehen, die ihn kannten, nur die Seinigen wollten ihn nicht sehen. So wie es tödliche Wunden gab, so mochte dies wohl ein tödlicher Anblick für sie sein. Er wußte damals noch nicht, daß es in diesem Reich noch eine ganz andere Entwürdigung des Menschenbildes gab.

In ihrem Transportwagen nahm man ihnen die Handschellen wieder ab.

Von diesem Wagen hatte Martin ihm oft erzählt, und wie so oft hatte er nicht alles geglaubt. Er wollte ja immer noch das Bild seines Vaterlandes unzerstört in sich bewahren. Am Anfang lag ein kleiner Raum für die beiden Transportführer. Von dort aus lief ein schmaler Gang durch den ganzen Wagen, und zu beiden Seiten lagen hinter Türen mit kleinen Gitterfenstern die Zellen. Diese maßen etwas über einen Meter im Geviert, hatten zwei schmale Holzbänke und ein herunterklappbares Brett dazwischen. Ganz oben war ein vergittertes und undurchsichtiges Fenster, das sich zu einem Spalt öffnen ließ. Wenn man auf eine der Bänke stieg und das Gesicht an den Rahmen legte, konnte man draußen einen schmalen Streifen der Landschaft sehen.

In diesem Raum saßen sie von fünf Uhr morgens bis acht Uhr abends. Johannes mit dem Schneider aus Halle. Bisweilen, wenn der Wagen sich für einige Zeit füllte, waren sie zu dreien und vieren. Als Nahrung hatten sie trockenes Brot und einen unglaublich riechenden Käse. Das Rauchen war verboten.

Ihre Transportführer waren zwei rundschädlige Bayern von der nicht guten Art. Wenn sie einen Viehtransport gehabt hätten, würden sie ebenso verfahren sein. Der junge Pole, der einen Befehl nicht verstand, wurde mit Handschellen gefesselt, ins Gesicht geschlagen und in eine leere Zelle geworfen.

Der Zug machte die Runde durch ganz Ostbayern und lud seine Menschenfracht aus und ein. Es gab Züge, die vierzehn

Tage unterwegs waren. Es gab Aufenthalte von Stunden, während deren die Jugend des Landes sich vor den kleinen, blinden Fenstern sammelte und mit Fingern auf die Gesichter wies wie auf Tiere. Im allgemeinen bemerkte Johannes, daß der einfache Mann mit Mitleid, Trauer und oft mit einem dumpfen Zorn auf sie blickte, der nicht ihnen galt, während die Reisenden der großen Schnellzüge oft mit der Unverfrorenheit des lüsternen Gaffers an sie herantraten, um ihnen ins Gesicht zu starren. Aber er konnte nun schon durch alles hindurchsehen, durch Menschen und Dinge, bis in ein Land, »das ferne leuchtete«.

Am ersten Abend wurden sie in Hof im Fichtelgebirge ausgeladen. Wieder legte man ihnen Ketten an und führte sie ans Ende des Bahnsteigs, wo man sie eine Viertelstunde stehenließ. Johannes war während seiner Vortragsreisen einmal in dieser Stadt gewesen, und er haßte sie seit vielen Jahren; nun erwies sie sich dieses Gefühls durchaus wert, denn die Ankunft dieser Wagen schien für die Bevölkerung ein gewohntes und sehr genossenes Fest zu sein. Zu Hunderten stand sie an den Gittern des Bahnhofsgebäudes und auf dem Vorplatz und erfreute sich mit lauter Heiterkeit an der Unterbrechung ihres Daseins.

Doch sah Johannes auch neben einem der haltenden Züge zwei Damen stehen, die ihn wohl aus seinen Büchern kennen mochten und die schweigend, mit strömenden Tränen zu ihm hinüberblickten. Er konnte die linke Hand bewegen und machte eine Gebärde mit ihr, als lohne es sich nicht, um so weniges schon Trauer zu zeigen.

Dann wurden sie unter dem Johlen der Hitlerjugend in einen Wagen geladen und zum Gefängnis des Amtsgerichts gefahren. Dieses Haus hat Johannes in gutem Andenken behalten, obwohl es schon dunkelte, als sie ankamen, und noch dämmerig war, als sie es wieder verließen. Es mußte ein altes Kloster sein, mit schweren Mauern und gotischen Bogen, und sie traten durch eine efeuberankte Tür ein. Es war alles so weit entfernt von der kalten Sachlichkeit sonstiger Gefängnisse. Sie hatten alle zusammen eine lange, schmale Zelle, soviel sie noch beisammengeblieben waren, und in der tiefen Dämmerung mochte man meinen, daß die Schatten der letzten Mönche soeben den Raum verließen. Und vielleicht war auch ein letzter Hauch ihrer Gebete und Hymnen noch zurückgeblieben, eine Segnung des letzten Abends, den Johannes und seine Gefährten als eine kleine Gemeinschaft des Leidens noch in einer Art von stillem Frieden verbringen sollten.

Sie hatten noch zwei Zigaretten für sie alle, und gleich darauf fielen sie in einen erschöpften Schlaf.

Der zweite Tag war wie der erste, ebenso lang, ebenso ohne Trost, mit einer qualvollen Umladung auf dem Leipziger Hauptbahnhof. Spät kamen sie in Halle an, und die preußische Polizei nahm sich ihrer sogleich mit bemerkenswerter Roheit an. Johannes fühlte eine tiefe Scham, daß es fast alle seine Landsleute waren, wie er an dem Dialekt erkannte, die den Hausschatz ihrer Berufssprache hier an Wehrlose anwendeten. Auch erfuhr er gleich nach der Ankunft im Polizeipräsidium, daß er nicht am nächsten Tag mit seinen ihm liebgewordenen Gefährten nach Berlin weitergeleitet würde, sondern daß seine Marschroute geändert sei und er vielleicht am übernächsten Tage in das Lager Buchenwald bei Weimar müsse.

Damit entfiel nicht nur seine letzte schwache Hoffnung, daß in Berlin noch eine Änderung seines Schicksals eintreten könnte, sondern er würde nun ganz ins Ungewisse hinaustreiben und hier zunächst liegenbleiben, verlassen von seinen

Gefährten und ganz allein auf sich gestellt. Zwar klang der Name »Buchenwald« ihm schön, aber er hatte schon verlernt, sich von Namen täuschen zu lassen.

Er behielt dieses Haus in der dunklen Straße in einer grauenvollen Erinnerung. Spät in der Nacht wurde ein großer Transport schlesischer Zuchthäusler in ihre Zelle gebracht, Schwerverbrecher, aussätzig gleichsam an Leib und Seele, und als sie im Morgengrauen wieder weitergeschafft wurden, erschien es Johannes, der mit wenigen zurückblieb, als sei er in dieser Nacht für immer gezeichnet worden.

Auch die Gefährten nahmen nun Abschied, und er bedachte, wieviel in vier Tagen und Nächten zwischen Menschen geschehen konnte, die einander getroffen hatten wie »Schiffe in der Nacht«. Auch hat er von keinem von ihnen später erfahren, wie das Los ihnen gefallen ist, aber seine Gedanken sind oft in Dankbarkeit bei ihnen, die ihm den Beginn seines Kreuzweges leichter gemacht haben, obwohl er in so vielem ihnen ein Fremdling war.

Noch ein Tag und noch eine Nacht schleppten sich dahin. Wieder konnte er über die Dächer sehen, und zwei Stunden lang fiel ein schmales Band der Sonne in ihre Zelle. Zwei Stunden lang versuchten auch zwei der Mitgefangenen, mit Hilfe von herausgenommenen Uhrgläsern eine Zigarette zu entzünden. Vergeblich, aber man konnte seine Gedanken auf diese Tätigkeit richten und sich einbilden, daß dies eine Beschäftigung sei.

Hier lernte er auch zwei seiner künftigen Lagergefährten kennen, einen Fabrikbesitzer aus Sachsen, zweiundsechzig Jahre alt, und einen jungen Büroangestellten aus dem fränkischen Land, der aus dem Zuchthaus kam. Beide hatten »Kritik an der Staatsführung« geübt, beide sollten sich in ihrer stillen Art als die besten Kameraden erweisen, und einer von ihnen wußte noch nicht, daß er acht Tage später schon in einem gestrichenen Sarg aus Kistenbrettern durch das Tor im Stacheldraht hinausgetragen werden sollte.

Sie wußten alle nichts von ihrer Zukunft.

Am nächsten Tag lud man sie dann am Vormittag wieder in einen Transportwagen, und gegen zwei Uhr hielten sie in Weimar. Unzählige Polizisten mit dem Karabiner unter dem Arm nahmen sie in Empfang. Der Unterlagerführer in SS-Uniform gab ihnen die ersten Anweisungen derart etwa, daß sie bei einem Fluchtversuch oder der geringsten Widersetzlichkeit sofort »abgeschossen« würden, daß sie ihre »Schnauzen« geradeaus zu nehmen hätten, daß man diesen »Schweinen« schon Schliff beibringen würde, und ähnliche Äußerungen einer neuen, Johannes noch unbekannten Kultur.

Wieder stand eine dichte Menschenmenge auf dem Vorplatz, aber schweigend, mit ernsten Gesichtern. Einen Blick noch warf Johannes auf das Bild der ihm so vertrauten Stadt, in der er soviel an Erhebung, an Glück, an stiller Hingabe erfahren hatte. Dann stieß man sie in einen geschlossenen Polizeiwagen, der vielleicht für zwölf Menschen Raum bot und in dem sie nun zweiundzwanzig waren, gebückt stehend die meisten, da das Dach niedrig war, bis eine Reihe von ihnen ohnmächtig wurde und so etwas Platz machte.

Die Türen schlugen zu, der Motor sprang an, und dann fuhren sie die Strecke nach Ettersberg hinaus, demselben Berge, von dem Goethe mit Charlotte von Stein über das thüringische Land geblickt hatte und wo nun hinter den elektrischen Drahtverhauen das Lager auf sie wartete.

Johannes stand am vorderen Ende des schmalen Mittelganges, dicht an dem vergitterten Glasfenster, hinter dem er den

Fahrer sehen konnte. So bekam er ab und zu einen frischen Luftzug und konnte ein schmales Stück der Straßenböschung erblicken. Es war ein glühendheißer Tag, und manchmal fuhren sie durch eine bewegungslose weiße Staubwand. Doch konnte er erkennen, daß Wald die Straße begrenzte, und er erinnerte sich, daß er hier in besseren Zeiten unter hohen Buchen eine stille Wanderung zu den Stätten unternommen hatte, die noch immer mit einem leisen Leuchten aus einer großen Vergangenheit heraufstrahlten.

Sie fuhren etwa eine halbe Stunde, bis der Wagen hielt. Was Johannes sah, war eine breite Landstraße, von Rasenflächen und niedrigen Baracken begrenzt, saubergehalten und nicht einmal eines dürftigen Blumenschmuckes ermangelnd. Doch ahnte ihm, daß dies wohl der Ort der Herrenwelt sei und daß die Sklavenwelt hinter einem Quergebäude mit einem Turm liegen müsse, auf dem er undeutlich den Umriß von Maschinengewehren zu erkennen meinte.

Auch blieb ihm keine Zeit, denn sie wurden in eine der Baracken gestoßen, in deren schmalem Gang sie in zwei Gliedern Aufstellung zu nehmen hatten. Alles in dem Raum war aus Holz, das Dach mit Dachpappe gedeckt, und die Sonne brannte durch die Fenster in ihren Rücken erbarmungslos auf sie herab. Hier mußten sie zwei Stunden bewegungslos unter dem Kommando »Stillgestanden!« stehen und dann nacheinander in den Schreibstubenraum treten, wo man ihre Personalien aufnahm oder verglich.

Nach der ersten halben Stunde sah Johannes, wie ein paar der älteren unter ihnen zu schwanken begannen. Sie wurden von ihren Gefährten gestützt, so gut es ohne Verletzung des Kommandos möglich war, doch stürzten sie dann doch vornüber, mit dem Kopf gegen die Holzwände, und auch Johannes vermochte den vor ihm stehenden »Vater Hermann«, den Fabrikbesitzer, aus seiner Zelle in Halle, nicht mehr zu halten. »Laßt die Schweine liegen!« schrie jemand, und so blieben sie, bis das Bewußtsein ihnen wiederkehrte.

Von Zeit zu Zeit kam einer der SS-Männer den Gang entlang, ging langsam die Reihe hinunter und starrte in jedes Gesicht, als suche er sich sein Opfer schon heraus. Da war ein über siebzigjähriger Jude mit einem bekannten Namen, der sich eben von der Erde wieder aufgerichtet hatte und der die Blicke der Vorübergehenden besonders auf sich zog. Fast jeder versprach, ehe er weiterging, »mit dieser alten Judensau Schlitten zu fahren«. Und ehe sie den Raum wieder verließen, war das alte Gesicht schon von Faustschlägen geschwollen.

Johannes nahm alles wie in einem Spiegel in sich auf. Er wollte nichts übersehen und nichts vergessen. Es war ihm, als sei er hierhergekommen, um einmal Zeugnis abzulegen vor einem Gericht, das er noch nicht kannte und vor dem jedes Wort gewogen werden würde. Er sah die Gesichter an, die vorüberkamen, und er erschrak vor der ungebändigten Roheit, die aus ihnen sprach. Es war ihm, als habe man sie aus Millionen ausgesucht, und es blieb ihm nun nicht der geringste Zweifel mehr an dem, was ihn erwartete. Von nun an wußte er, daß Karl die Wahrheit gesprochen hatte.

Nach zwei Stunden erschien der Unterlagerführer wieder. Er hieß Hartmann, und sie sagten, er sei der Sohn eines Pfarrers. Sein Name soll hier aufbewahrt und in einem traurigen Sinn unsterblich bleiben.

Sie wurden durch das große, waffenstarrende Tor unter dem Quergebäude in den Hof geführt. Herumlungernde Wachmannschaften verfolgten grinsend jeden ihrer Schritte. Über dem Torbogen erblickte Johannes zwei Inschriften, ihm wohlbekannt, aber in unheimlicher Bedeutung an dieser Stelle.

Die eine hieß: »Recht oder Unrecht: mein Vaterland!«, die andere darunterstehende: »Jedem das Seine!« Es ging ihm flüchtig durch den Sinn, daß es seltsam sei, sich zu solchen Zwecken das Wort eines fremden Volkes zu stehlen, und daß es beschämend sei, ein großes und schlichtes Königswort an solcher Stelle zu mißbrauchen. Doch blieb ihm keine Zeit zu solchen Gedanken. »An die Scheißhäuser!« brüllte der Führer, und sie mußten auf dem Hof sich gleich nach links wenden, laufend, und dann wieder in zwei Gliedern regungslos stehen.

Hier, während sie die erste und letzte »Erziehungsstunde« geschenkt bekamen, versuchte Johannes, alles aufzufassen, was er sehen und hören konnte. Sie standen mit dem Rükken gegen den Hof gewendet, der auch der Appellplatz war, und was er sah, war nur ein langer Streifen des Drahthindernisses, der niedrige linke Flügel des Quergebäudes und dahinter der lockere Buchenwald. Das Hindernis zeigte zunächst einen breiten niedrigen Streifen, wie spanische Reiter durcheinandergeflochten (es war der Streifen, in den diejenigen sich zu werfen pflegten, die mit ihrem Dasein auf diese Weise ein Ende machen wollten; sie wurden dann von den Posten auf kurze Entfernung erschossen, obwohl von einer Flucht bei einem in diesen Drähten Hängenden natürlich nicht die Rede sein konnte). Dahinter stieg die hohe Wand der elektrisch geladenen Drahtmauer auf, mit Lampen gesäumt und von hohen Holztürmen unterbrochen, auf denen Posten mit Maschinengewehren standen.

Von hier aus glitt ein Blick zu dem niedrigen Gebäudeflügel. Der Mittelteil, der den Turm trug und sich über dem Tor befand, war von drei Posten mit einem Maschinengewehr besetzt und mit acht oder zehn Scheinwerfern ausgerüstet, die wie blinde Augen in das Lager starrten. Der niedrige Flügel, der bis zu ihrem Standpunkt reichte, zeigte nur vergitterte Fenster, zwölf oder dreizehn nebeneinander, und nach der anderen Seite wohl ebensoviel. Es waren die »Bunker«, von denen Johannes noch hören sollte, Betonlöcher, in die man bei besonderen Anlässen die Gefangenen warf und von denen immer ein Teil – meistens der größere – mit den Wachmannschaften der SS belegt war, die sich ihrer besonderen Uniform und Aufgabe nicht ganz würdig erwiesen hatten.

Aus einem dieser Bunker drang während der ganzen Zeit, die sie hier standen – es waren wieder zwei Stunden –, die wilde, klagende, sinnlose Stimme eines Wahnsinnigen, den man mit einem evangelischen Pfarrer zusammengesperrt hatte. Aus anderen drang der scharfe Laut herniederfallender Schläge und das fast unmenschliche Geschrei und Gestöhne der Mißhandelten. Über allem stand ein hoher blauer Himmel mit weißen Wolken, die über das helle Grün der Buchenwipfel lautlos glitten.

Währenddes erteilte der Pfarrerssohn »einführende Instruktion«. Wer sich dem Drahtverhau auf dreißig Meter näherte, würde »abgeschossen«. Wer einem Befehl nicht gehorchte, würde »abgeschossen«. Wer sich einem Wachtposten während der Arbeit auf weniger als sechs Meter näherte, würde »abgeschossen«. Sollte in einer der Baracken zur Nachtzeit ein Brand ausbrechen, so war das Verlassen des brennenden Raumes verboten, und das Feuer aller Maschinengewehre würde auf diese Baracke gerichtet. Während er diese einfachen Gesetze verkündete, trat er mitunter auf einen der Gefangenen zu, schlug ihn ins Gesicht oder trat ihn mit Füßen, weil Haltung oder Gesicht des Betroffenen ihm nicht zusagten.

Johannes folgte ihm unablässig mit den Blicken. Es war ein schmächtiger Mensch, einige zwanzig Jahre alt, mit einem glatten, nichtssagenden Gesicht, von einem künstlichen Hochmut erfüllt, wie ihn junge Leute mit Befehlsgewalt leicht zeigen. Das Besondere an ihm war nur, daß er den Leib etwas vorgestreckt trug, was ihm das Aussehen gab, als sei er guter Hoffnung, und seine ganz helle Stimme, die an die eines quäkenden Hasen erinnerte. Doch verwischte das leicht Komische seiner Erscheinung sich schon durch die abgrundtiefe, kalte Verächtlichkeit seiner Haltung und Sprache, wie Johannes sie später an fast allen Lenkern dieses Lagers festgestellt hat. Es war, als gingen sie durch die sieben- oder achttausend Opfer, die man hier zusammengeschleppt hatte, nicht wie durch Tiere hindurch, sondern wie durch stinkenden Unrat. Auch hörte Johannes aus dem Munde des Pfarrerssohnes nie anders von ihnen sprechen als von »Mistvögeln« und »Wildsäuen«. (Im Dachauer Lager war nach Karls Erzählungen der entsprechende Ausdruck »Mistbienen«, was auf eine gewisse Gleichmäßigkeit der Weltanschauung schließen ließ.)

Es läßt sich schwer beschreiben, was Johannes seit seiner Ankunft im Lager empfand. Es war nicht so sehr das Gefühl des Schreckens oder der Verstörung oder einer dumpfen Betäubtheit. Es war vielmehr die Empfindung einer immer zunehmenden Kälte, die aus einem bestimmten Punkt seines Innern sich immer weiter ausbreitete, bis sie seinen ganzen Menschen erfüllte. Es war ihm, als erfriere sein bisheriges Leben und seine ganze Welt und als könne er nur noch wie unter einer blinden Eisdecke auf etwas ganz Fernes blicken, und in dieser Ferne bewegten sich lautlos und unwirklich die Gestalten seines bisherigen Daseins, seine geliebten Menschen, seine Bücher, seine Hoffnungen und Entwürfe. Alle schon von dem Keim des Todes gezeichnet, dem Verfall anheimgegeben, sinnlos in einer Welt, in der diese Pfarrerssöhne herrschten. Er fühlte, wie die eisige Kälte seine Träume zerbrach, wie der Frost die Blütenstengel zerbricht, wie durch das Bild Gottes ein Sprung hindurchlief, der nicht mehr heilen würde, und wie nur eines sich lautlos und ungeheuer vor ihm aufrichtete, was er früher gerne mit Träumen und Wünschen verziert und bekleidet hatte: die nackte, erbarmungslose Wirklichkeit, das Gesicht des Menschen, wie es war, wenn man ihm Macht gab, ihn der Fesseln entkleidete und ihn zu dem zusammenballte, was man »Masse« nannte.

Es war dies auch die Erkenntnis, die er in sein künftiges Leben mitnahm.

Noch während der Pfarrerssohn seine Erläuterungen gab, hörte Johannes, wie hinter ihnen der Appellplatz sich langsam belebte. Auch sah er durch das Tor von draußen lange Kolonnen einmarschieren, mit Hacken und Spaten über der Schulter und in seltsam zebrahaft gestreifter Kleidung, die Mützen in der Hand, mit geschorenen Köpfen. Er empfing den flüchtigen Eindruck einer müden, stolpernden Tierherde, ohne Hoffnung, ohne Heimat, ja, ohne Gesicht, so sehr ähnelten sie einander in der grauenhaften Eintönigkeit ihres Bildes.

Er hörte Kommandos, Meldungen, eine Stimme, die durch den Lautsprecher Nummern aufrief, nicht Namen, hörte Flüche und Schläge und stand regungslos, nach rückwärts lauschend, wo seine Zukunft vor sich ging, in die er bald eingereiht würde wie die anderen auch, ein Mensch mit einer Nummer, mit kahlgeschorenem Kopf, abgetrennt vom Leben, der Schönheit, der Güte, der Sauberkeit, angeschmiedet an die Galeere eines Staates, der seine Zweifler in den Tod schickte.

Dann sah er von der Seite, wie zwei der Gefangenen – Schutz-häftlinge hießen sie nun – von dem Ende des niedrigen Gebäudes einen seltsamen hölzernen Gegenstand holten, einen Bock auf vier Füßen, in der Längsrichtung zu einer länglichen Mulde vertieft, mit Riemen, die lose herabhingen. Und noch während er zu erraten versuchte, zu welchem – wahrscheinlich bösen – Zweck dies Instrument dienen mochte, hörte er die scharfen, pfeifenden Schläge im Takt fallen und den hohen, entsetzten Schrei des Geschlagenen. Er sah starr geradeaus, über die Buchenkronen in den sich abendlich färbenden Himmel hinein, aber er zählte, zählte mit, um es nicht zu vergessen vor jenem großen Gericht, an das er dachte, zehn, fünfzehn, zwanzig, fünfundzwanzig Schläge. Das Schreien war zu einem stimmlosen Röcheln geworden, dem Röcheln eines Tieres, dem das Lebensblut entströmt, und eine kalte Stimme rief »Halt!«.

Eine Pause trat ein, in der Johannes nur sein Herz schlagen hörte, und dasselbe begann von neuem, nur daß das zweite Opfer lautlos blieb. Dieselbe kalte Stimme, dieselbe Pause, und immer weiter so, sechs oder acht oder zehn Male.

Später hat Johannes erfahren, daß diese Henkersstunde immer angeordnet wurde, sobald ein neuer Transport zum erstenmal auf dem Hof stand, also an jedem Montag und Donnerstag. Nicht etwa, daß sie nicht auch auf jeden anderen beliebigen Abend gefallen wäre, aber diese beiden Tage gehörten zum Programm. Es war ein Teil der neuen Menschenerziehung, und es sollte den Neuangekommenen schon am ersten Abend den Sinn des Wortes »Jedem das Seine« erläutern.

Dann rückten die Kolonnen ab, und auch sie wurden zur Kammer geführt, um ihre Sachen zu empfangen. Auf diesem

Weg nun sah Johannes zum erstenmal das Lager. Er sah den großen Appellplatz mit ein paar hohen, kümmerlichen Buchen und dahinter in langen Reihen die niedrigen, grüngestrichenen Baracken, zwischen denen Straßen entlang liefen, die vom Feuer der Maschinengewehre bestrichen werden konnten. Dahinter stand wieder Wald, zwischen dessen Bäumen hier und da ein Stück des hohen grauen Drahtzaunes durchschimmerte.

Aber was ihre Blicke am meisten anzog, war der Galgen in der Mitte des Appellplatzes. Er war auf einem hohen Sockel errichtet, zu dem eine Treppe hinaufführte, und sein hölzerner Arm mit der Rolle an seinem Ende zeigte drohend über die Baracken hin. »Am liebsten möchte ich euch alle dran baumeln sehen«, bemerkte der sie Führende freundlich.

Sie empfingen Rock und Hose aus schlechtem Kunststoff, blau und grau in der Längsrichtung gestreift, ein Hemd, eine Unterhose, ein paar wollene Strümpfe, schwere Schnürschuhe, eine schirmlose Mütze. Das war nun für Sommer und Winter ihr einziges Hab und Gut. In der »Effektenkammer« gaben sie alles ab, was sie besaßen. Nur eine kleine bunte Tasche mit Dingen zur Hautpflege durfte Johannes behalten. Sie erschien ihm in dieser Umgebung wie etwas von einem fremden Stern. Dann führte man sie wieder ins Freie, nackt, und schor ihnen Kopf- und Körperhaar. Sie empfingen Nummern und rote Tuchdreiecke, die auf Rock und Hose angenäht wurden. Johannes hatte die Nummer 7188. Die rote Farbe bedeutete politische Gefangene.

Sie waren nun alle wie die anderen.

Es dunkelte schon, und sie waren so müde, daß sie taumelten. Man führte sie in eine Notbaracke, durch deren Dach die Sterne schienen, gab ihnen einen Teller Suppe und ließ sie sich ein Strohlager auf der Erde suchen. Johannes lag unter einem offenen Fenster, etwas abseits von den zwei- oder dreihundert anderen, und noch als ihm die Augen zufielen und der kühle Nachthauch über seine Stirn ging, dachte er, daß man von keinem Wind wisse, »von wannen er komme und wohin er gehe«. Damit fiel er in einen tiefen, erschöpften und schweren Schlaf.

Es dauerte eine geraume Zeit, bis die Welt des Lagers in allen Zusammenhängen und Einzelheiten sich ihm erschloß. Es gab etwa achttausend Gefangene – eins von wie vielen Lagern! –, und sie waren nach ihren farbigen Abzeichen unterschieden. An der Spitze von Haltung und Achtung, wenn von einer solchen die Rede sein konnte, standen die Roten. Hinter ihr folgten die Grünen, die Berufsverbrecher, die schwarzen Abzeichen der Arbeitsscheuen, die rötlichen der Homosexuellen, die violetten der Bibelforscher und die gelben der Juden. Von diesen hatten die meisten ein gelbes und schwarzes Dreieck ineinandergenäht, so daß sie wie mit einem Stern gezeichnet waren. Rückfällige, die zum zweitenmal in einem Lager waren, trugen einen schmalen Streifen unter ihrem Dreieck, und die Strafkompanie, die Ärmsten der Armen, hatten einen schwarzen Punkt neben ihrem Abzeichen. Daneben gab es Blinde mit drei schwarzen Punkten und eine Anzahl solcher, auf deren Armbinde das Wort »Blöde« gedruckt war (auch Blinde und Blöde können einen Staat gefährden).
Die Kleidung war verschieden gestreift, je nach den Vorräten, die man besaß, und die meisten der langjährigen Gefangenen trugen alte Militäruniformen, blau, grün und grau. Das meiste war unsäglich abgerissen, Flick auf Flick gesetzt, in allen Farben schillernd, Bettlerkleider, von Sonne und Regen gebleicht, gegen die ein Zuchthauskleid ein Staatsgewand

war. Wenn in der Frühe, Ende August noch in der Dämmerung, die Tausende zum Morgenappell zogen, gebeugt und frierend, im strömenden Regen, im Schlamm des Platzes, der ihnen bis über die Knöchel reichte, viele an langen Stökken, um sich aufrecht zu halten, manche schwer krank auf den Schultern der Kameraden, manche auf behelfsmäßigen Bahren; wenn der Wind die Nebelfetzen um die Kolonnen trieb, sie einhüllend und wieder in das bleiche Licht entlassend; wenn am Fuß eines der Bäume oder eines Lichtmastes ein Sterbender lag, das schon jenseitige Gesicht dem Morgenschein preisgegeben: dann war das Ganze wohl ein Bild der Verfluchten, aus einer Unterwelt wie ein Spuk hervorgetaucht, oder eine Vision aus einer Hölle, an die kein Pinsel eines der großen Maler, keine Nadel eines der großen Radierer heranreichte, weil keine menschliche Phantasie und nicht einmal die Träume eines Genies an eine Wirklichkeit heranreichten, die ihresgleichen nicht in Jahrhunderten, ja vielleicht niemals gehabt hatte.

Der erste Tag verlief ihnen noch wie Gästen. Sie mußten zur Schreibstube, zur Revierstube, sie mußten auch Bretter oder Decken tragen oder die schweren Eßkübel, die bei der geringsten Unvorsichtigkeit ihnen die Haut der Hände zu Blasen verbrannten. Alles im Lager geschah durch ihresgleichen: die Bereitung des Essens, die Pflege der Kranken (wovon noch zu sprechen sein wird), der Bau der Häuser und Straßen, die Herstellung der Lichtanlagen, die Sorge um Wasserleitungen. Vom Geringsten bis zum Größten lag ihrer Hände Arbeit, ihr Schweiß, ihre Tränen, ihr Blut in allem, was man sah. In den Baracken und Stacheldrähten, in den Kasernen der SS außerhalb des Lagers, in den Prunkvillen der Führer, den Asphaltstraßen, den Gärten, den Lautsprechern, den großen Raubvogelhäusern und Bärenzwingern, in der

Dressur der Bluthunde, die man zur Verfolgung der Flüchtigen brauchte, in den Musikkapellen, die aufgestellt wurden, ja selbst in der Anfertigung der Särge, in denen man die »Erledigten« zum Weimarer Krematorium brachte. Ihrer war die Arbeit und die Knechtschaft, jener war die Wacht und das Herrentum. Ihrer war die Leistung, das Wissen, die Planung, das Schöpfertum aus dem Nichts, jener war die Unwissenheit, die Peitsche, der Kolben, das Richten, die Marter. Hier war das ganze Volk vom Bettler bis zum Reichstagsabgeordneten, vom namenlos Geborenen bis zum Freiherrn, Handwerker und Gelehrte, Ärzte, Juristen und Pfarrer. Dort war die Uniform, unter der sich nichts verbarg als das Gleichmaß einer Weltanschauung. Dort waren siebzehnjährige Wachtposten, Knechte nach äußerer und innerer Bildung und Haltung, vor denen der Adlige der Geburt oder des Geistes mit der Mütze in der Hand zu stehen hatte. Dort waren Blockführer, deren Sprache und Gebärden die von Zuhältern waren. Dort war ein Lagerführer, der Schlossergeselle gewesen war und der im Delirium mit der Peitsche durch die Bunker ging.

Da waren zwei Welten, die Johannes langsam zu begreifen trachtete. Zu begreifen, daß dies Teile eines und desselben Volkes waren, die dieselbe Sprache sprachen, die einmal zu den Füßen des gleichen Gottes gesessen hatten, die mit denselben Formeln die Taufe und die Einsegnung empfangen hatten. Desselben Volkes, in dem Goethe gelebt hatte, das durch den Dreißigjährigen und den Großen Krieg gegangen war und dessen Mütter oder Großmütter in der Abendstunde gesungen hatten »Der Mond ist aufgegangen ...«. Eines Volkes, das nun nicht geschieden war durch Besitz und Armut, durch Gottesdienst und Heidendienst, durch zwei Sprachen, zwei Religionen, zwei Naturen, sondern das zerrissen war durch nichts als ein politisches Dogma, durch ein papierenes Kalb, das zur Anbetung aufgerichtet war und von dessen Verehrung oder Verachtung es abhing, ob man aufstieg auf der Leiter der Ehren oder in die Arme des Molochs gestoßen wurde, geschändet, gemartert, geopfert, ausgelöscht aus Leben und Gedächtnis. Nichts galt, was gewesen war, keine Leistung, keine Güte, nicht Arbeit und Mühe eines ganzen Lebens. Nur das Gegenwärtige galt. Das Bekenntnis zum Götzen, der Kniefall vor dem Cäsaren, die blinde Wiederholung der Phrase, die falsche Pathetik der Halbbildung, der Schrei des Demagogen. Masseninstinkte, Massenfreuden und -laster, Brot und Spiele, und in den Arenen der Gladiatoren standen nun sie ohne Waffen, ohne Hoffnung, den Tieren preisgegeben, die man auf sie losließ. Und von den Sitzen schaute eine »herrische« Welt ihnen zu, ohne Mitleid, ohne Gnade, die mit den Stiefelspitzen die Glieder der Toten aufhob und fallen ließ, um zu sehen, ob sie auch wirklich tot seien.

Hier stand die wahre Bewährung fordernd auf, nicht zu vergleichen mit einer früheren, die erbarmungslos ihren Finger auf das Letzte im Menschen legte, um zu prüfen, ob er bestehen werde.

Auch erkannte Johannes schon am dritten Tag, daß, so unerschütterlich er im Seelischen bleiben werde, sein Körper diesem nicht gewachsen sein würde. Der dritte Tag reihte sie ein in die große Mühle, und am Abend wußten sie, wie ihre Steine mahlten.

Sie wurden vor vier Uhr geweckt, alltags wie sonntags, wuschen sich im Freien, empfingen ein braunes Getränk oder einen Becher Suppe, wozu sie ihr Brot aßen, und standen ein Viertel vor fünf auf dem Appellplatz. Sie wurden gezählt, gemeldet, eingeteilt, und wie sie dastanden, der neue Transport, Siebzehnjährige und Siebzigjährige, kamen sie zur Gruppe der Steinträger, »vorläufig«, wie der Pfarrerssohn lächelnd bemerkte.

Sie standen bis sechs Uhr auf ihren Plätzen und wurden dann durch das Tor geführt, in den Wald hinein bis in die Gegend des Steinbruches, von wo sie dann ihre Lasten einen Kilometer weit bis zur Baustelle einer neuen Straße zu schleppen hatten. Sie wurden von Vorarbeitern beaufsichtigt, Gefangenen wie sie, die ihnen nichts zuleide taten, aber die mit Flüchen und Schlägen über die Schwachen herfielen, sobald ein Posten sich sehen ließ. Das System bestand darin, daß der Vorarbeiter abends »über den Bock ging«, sobald die Arbeitsleistung nicht erfüllt war, und daß er sich natürlich an seine Leute hielt, um dem zu entgehen. Das Los fiel wie immer auf die Schwachen und Kranken.

Johannes lud einen der Kalksteine auf seine Schulter und begann seinen Weg. Die Sonne brannte erbarmungslos auf die nackte Erde, die Luft flimmerte, und schon nach der ersten Stunde stieg die Vision dessen vor den schmerzenden Augen auf, das hier am unerreichbarsten war: des Wassers. Es war bei Prügelstrafe verboten, vor oder während oder nach der Arbeit einen Tropfen Wasser zu trinken, unter dem Vorwand, das Wasser sei choleraverdächtig. Während einer fast dreizehnstündigen erbarmungslosen Arbeitszeit, in der es verboten war, sich aufzurichten und nur eine Minute zu eratmen, bei der gnadenlosen Sonne und Temperaturen bis zu 35 Grad im Schatten, empfingen sie nichts als um die Mittagszeit einen halben Becher einer lauwarmen Brühe, indes der Körper in jeder Minute Ströme von Schweiß verlor.

Von allen Verruchtheiten, die ein menschlicher Sinn hier erdacht hatte, schien Johannes dies die verruchteste. Es wäre niemandem in den Sinn gekommen, Wasser für sie abzukochen – wenn der Vorwand schon auf Wahrheit beruhte – und es mit etwas Tee oder ähnlichem zu versetzen. Für sie, die das ganze Lager mit unzähligen Gebäuden, Straßen und Einrichtungen aus einem bewaldeten Berg herausgehoben hatten, mit in Wahrheit blutenden Händen und mit Toten, die sich zu Bergen getürmt haben würden, hätte man sie übereinandergelegt.

Doch war es wahrscheinlich, daß es manchem in den Sinn gekommen war, aber daß ein besonderer Reiz darin lag, zu den ungezählten anderen Qualen auch diese zuzufügen, von der man wußte, wie sie den Menschen zerbrach, und der man, im Schatten stehend, behaglich zuschauen konnte.

Vom ersten Tag an ist durch Johannes' Träume bei Tag und bei Nacht das Bild des Brunnens in seinem Garten gegangen und das stille Rauschen, mit dem das kalte Wasser aus der Röhre auf den zitternden Spiegel fiel. Vielleicht sei es gut, dachte er, daß er auch dies nun erkenne, die Heiligkeit des kühlen, klaren Wassers, wie es aus der tiefen Erde komme und wieder zu ihr zurückkehre und wie so oft er achtlos daran vorübergegangen sei.

Seine Schultern wurden wund von den scharfen Kanten der schweren Last. Zuerst glaubte er, daß es eine Erleichterung sei, als man ihn zu der Gruppe stellte, die auf rohen Holztragen die Steine trug. Aber die Last war nun viel größer, und seine Hände hielten sie gerade immer von Pause zu Pause. Dann zeigte man ihm, wie man mit zwei Taschentüchern sich kurze Schlingen um die Handgelenke band, so daß das Gewicht nun nur zur Hälfte in den Fingern lag. Dafür schnitt die Last in die Haut der Gelenke ein, aber er ertrug es, wie er es die anderen ertragen sah, und niemand sollte ihn schwach sehen, ehe er zusammenbrach.

Schon an diesem ersten Tag sahen sie, daß »Vater Hermann«

es nicht überstehen würde. Sie halfen ihm nach Kräften, aber er fiel immer wieder in die Knie, und seine Augen sahen mit einer verstörten Ratlosigkeit in die Runde, als sei dies alles ein böser Traum und es müsse doch nun endlich das Erwachen kommen.

Auch hörten sie von Zeit zu Zeit, zumal aus der Richtung des Steinbruches, den scharfen Schlag eines Schusses hinter den Waldstücken, und die älteren unter ihnen sahen sich verstohlen an und hoben auf eine leise Frage nur die Schultern. Es gab Tage, an denen es den Posten Spaß machte, nach der Scheibe zu schießen, und niemand zog sie zu einer besonderen Verantwortung, wenn es lebende Scheiben waren. Ein Jude hatte eben einen »Fluchtversuch« unternommen. Juden waren eben keine Menschen, sie waren nicht einmal Tiere. Sie waren nur Ungeziefer, das man zertrat. Es ging auch das Gerücht von Sprengschüssen im Steinbruch, die man zu früh entzündete, um auf einmal eine größere »Strecke« zu machen. Doch blieb es ein Gerücht, und Johannes hat die Wahrheit nie erfahren. Es gab Dinge, von denen man ungern im Lager sprach.

Um zwölf Uhr hatten sie eine halbstündige Pause nach sechs Stunden ununterbrochener schwerer Arbeit. Sie reichte zu einem Stück trockenen Brotes, ein paar Schlücken Kaffee, einer Zigarette und ein paar Minuten betäubten Dahindämmerns. Dann arbeiteten sie weiter bis vier Uhr. Bis fünf oder halb sechs standen sie auf dem Appellplatz, aßen dann ihre Mittagssuppe und arbeiteten von sechs bis acht Uhr, indem sie meistens Baumstümpfe rodeten.

Mit geringen Abwechslungen blieb ihr Tagewerk so, bis die Abnahme des Tageslichtes im Herbst und Winter es verkürzte. Doch sollte Johannes nur zwei oder drei Tage an dieser Stelle bleiben.

In diesen wenigen Tagen erfuhr er das meiste von dem, was zu wissen war. Bald nach ihrer ersten Eingewöhnung wurden sie zum Steinbruch heruntergeführt, um ihre Last von dort zu holen. Sie hatten nun den doppelten Weg zurückzulegen, und die erste Hälfte führte dazu steil bergauf, wo auf dem schlüpfrigen Kalkstein die Füße ausglitten. Doch war nicht dies das Schwere. Das Schwere war das, was sie auf diesem Teil des Weges sahen. Hier war gleichsam die Unterwelt, entfernt von dem übrigen Lager, und obwohl sich dicht unter ihren Augen das sommerliche Land ins Endlose breitete, goldene Felder und grüne Wiesen, Waldstücke und rote Dörfer mit dem leuchtenden Helm der Kirchtürme, so erschien ihnen dies immer wie eine Fata Morgana, unwirklich schwebend in einer trügerischen Luft. Denn das Wirkliche, das dicht vor ihren Augen stand, war so, daß es den Augen verbot, sich zu einer fernen Schönheit zu wenden.

Es war nämlich so, daß man hier einen großen Teil der jüdischen Belegschaft und unter ihr anscheinend auch die Schwächsten und Hinfälligsten zusammengetrieben hatte, um sich ihrer am leichtesten entledigen zu können. Hier standen die rohesten Posten, die rohesten Unterführer, die rohesten Vorarbeiter. Hier bekam der Siebzigjährige, der nur noch wie ein Schatten dahinwankte, dieselbe Last auf die Schultern geworfen wie der Siebzehnjährige, und wenn er dreimal zusammenbrach, so wurde sie ihm viermal aufgelegt, und wenn er liegenblieb, so »meuterte« er eben, und auf Meuterei stand die Todesstrafe.

Was im Steinbruch selbst sich abspielte, konnte Johannes nicht sehen, aber dieses hier mußte er sehen, wenn er nicht die Augen schloß, und wenn er die Augen schloß, so hörte er es, und er hatte keine Hand frei, um seine Ohren zuzuhalten.

Zunächst sah er jedesmal, wenn sie von der Höhe herabgestiegen kamen, einen oder zwei von ihnen am Boden liegen, unfähig, selbst bei den größten Martern, sich wieder zu erheben. Hier waren eben Körper, aus denen der letzte Hauch des Lebens schon im Entweichen war. Verhungerte, denn die Juden bekamen nur die halbe Brotportion, am Sonntag kein Essen und bei jedem geringen Anlaß einen Hungertag. Verhungerte also, Entkräftete, Mißhandelte, Schwerkranke wie solche mit offener Tuberkulose und vor allem Verzweifelte, die den Willen zum Leben nicht mehr besaßen. Die den Posten um eine Kugel anflehten, wie man um einen Trunk kalten Wassers fleht, und doch nicht bedachten, daß eine Kugel jenen ja den Spaß beendete und zerstörte. Die Kugel war eine Gnade, und das Wort »Gnade« war ausgestrichen aus dem Wörterbuch dieses Lagers wie aus dem einer »herrischen« Weltanschauung.

Johannes sah, wie nach einer Weile die Stockschläge auf den Entkräfteten niederfuhren. Wie das Opfer sich aufbäumte, um die Qual noch einmal zu beginnen, und wieder zusammenbrach. Und wie nach einer Weile dasselbe von neuem geschah, bis eine Krümmung des Weges ihm den barmherzigen Vorhang vor das Ende schob.

Johannes sah, wie einer von ihnen, taumelnd, schon voller Blut im Gesicht, zum Scharführer gerufen wurde, um sich zu verantworten. Wie er, mit eisigem Hohn übergossen, wieder zurückwankte und der Scharführer, lächelnd, einen kopfgroßen Stein mit voller Wucht in den Rücken des Nichtsahnenden schleuderte, so daß dieser auf seinem Gesicht liegenblieb.

Johannes sah, während sie auf der oberen Straße ein wenig ausruhen durften, den langen Zug der Verdammten aus der Tiefe den Hang heraufsteigen, mit Lasten, die für die Schultern von Athleten gedacht waren. Er sah die Gesichter, eines nach dem anderen, wie sie an ihm vorüberkamen, erloschen, ertötet, bis auf die Knochen eingedörrt. Er sah die gekrümmten Gestalten, Skelette mit gespenstischen Armen und Beinen, von Wunden bedeckt, gefärbt von geronnenem Blut. Und er sah den Blick ihrer Augen. Nicht nur die Augen eines uralten Volkes, schwer von Wissen und Leid. Sondern die Augen von Sterbenden, abgewandt schon den Dingen dieser Welt, aber nicht getröstet von den Hoffnungen auf eine jenseitige. Augen, aus denen der Sinn des Lebens gewichen war und somit auch der des Todes. Irre, verstörte Augen, die wie leere Linsen in ihren Gesichtern standen. Die wohl die Formen dieser Erde noch spiegelten, aber nur auf eine mechanische, automatenhafte Weise. Die nichts mehr begriffen, weil alles Begreifbare in der Hölle der Qualen untergegangen war. Der Begriff des Menschen und auch der Begriff Gottes. Kinder und Tiere in der letzten Todesangst mochten solche Augen haben, wenn das Dunkel schon über ihnen zusammenschlägt und die Tafeln aller Gesetze, auch der einfachsten, klirrend in Scherben zerbrachen.

Johannes sah, wie einer von ihnen, verkrümmt und mit weißem Haar, geschlagen wurde. Er sah, wie der Scharführer, hinter ihm stehend, abwartete, wie die Schläge des Vorarbeiters fielen, und den Augenblick abpaßte, in dem die Arme des Halbbewußtlosen das Gesicht frei ließen. Dann schlug er mit einem fingerstarken Stock zu, auf die Wangen, die Ohren, die Schläfen.

Johannes sah, indes sie selbst wieder aufbrachen, wie der Taumelnde von dem Vorarbeiter auf einen Weg gestoßen wurde, der in den Wald hineinführte und an dem Posten standen. Dessen Betreten also verboten war. Und eine halbe Minute später, während ihr eigener Weg nun in das Gebüsch abzweigte, hörte er fast gleichzeitig zwei Schüsse fallen, die dem Ganzen ein Ende machten.

Johannes sah dies alles, während das leere, eiskalte Gefühl in seinem Inneren wuchs und wuchs. Er ging unter seiner Last dahin, wortlos, fühllos gegen die eigenen Schmerzen, den Blick vor sich hin auf den schmalen, steinigen Weg gerichtet. Die Sonne schien wohl, und die Wolken zogen wohl über ihnen dahin. Aber es war nicht mehr Gottes Sonne und waren nicht mehr Gottes Wolken. Gott war gestorben. Die Vorstellung von ihm, die jahrtausendalte Idee, der Glaube an sein Regiment, und mochte es auch ein hartes Regiment sein sollen, zerbrachen so, wie jenen Verdammten das Bild der Erde zerbrochen war. Wenn Gottes Erbarmen geringer war als menschliches Erbarmen, dann war dies alles ein Trugbild, auf einen Kinderhimmel gemalt, und wo der Kinderhimmel zerbrach, zerbrach auch das Trugbild.

Und mochten jene schuldig sein an manchem in der Summe ihres Lebens, mochte das ganze Volk schuldiger sein als andere Völker: Hier zerging ihre Schuld in nichts vor der Schuld derjenigen, die sich als das neue Volk priesen. Furchtbarer war niemals gebüßt worden, als jene büßten. Und mehr Schande war niemals auf die Stirn eines Volkes gefallen als auf jenes, das nun ihre Henker stellte.

Sein Volk, dachte Johannes, sein eigenes Volk! Für dessen Erhellung und Reinigung und Tröstung sie alle ihr Leben verbracht hatten, zu denen auch er als ein Arbeiter im Weinberg gehörte. Das Volk, von dem sie sagten, daß an seinem Wesen einmal die Welt genesen werde, und das sich erhob über andere Völker, um eine neue Sittlichkeit aufzurichten, einen neuen Himmel, einen neuen Gott. Besser als die Sittlichkeit und der Himmel und die Götter »absterbender« Völker.

In dieser Stunde erkannte er mit einer unbeirrbaren Sicherheit, daß dieses Reich zerfallen würde, nicht in einem Jahr und vielleicht nicht in zehn Jahren, aber in einem menschlichen Zeitraum. So zerfallen und zerbrechen, daß keine Spur von ihm bleiben würde. Ausgebrannt wie ein Geschwür, und nur die grauenhafte Narbe würde zurückbleiben. Es gab keine Kultur, die auf Menschenblut sich aufbauen ließ. Staaten konnte man auf Blut oder Gewalt bauen, aber Staaten waren nur Kartenhäuser vor dem Wind der Ewigkeit. Was blieb, das stifteten die anderen. Nicht die Henker und Mörder. Nicht einmal die Feldherren. Und diese anderen vergossen kein Blut, außer daß sie ihr eigenes in das unsterbliche Werk verströmten. Noch war der Geist nicht ausgestorben in der Welt, die Liebe, die Schönheit. Noch waren sie da, wenn auch geschändet und geschlagen. Und einmal würden sie sich wieder aufheben aus dem Staube mit ihrem schmerzlichen Kinderlächeln und ihr leuchtendes Banner wieder aufrichten über den Schädelstätten der Völker.

Am Abend sprach er mit Josef über diesen Tag – Josef hatte er nun schon gefunden. »Du mußt nichts sehen und nichts hören«, sagte dieser in seiner stillen Art. »Du mußt durchgehen durch alles wie ein Stein, und erst später ... ja, erst später ...«

»Wer hier mitleidet«, sagte er nach einer Weile, »zerbricht!«

Es dämmerte schon, als Johannes noch einmal den Raum zwischen den Baracken verließ, wo sie ihre freie Abendstunde zubrachten. Er hatte nur eine Minute zu gehen, bis er unter der Eiche stand, von der man sagte, daß ihr Schatten schon auf Goethe und Charlotte von Stein gefallen sei. Sie stand neben einer der Lagerstraßen, und hier nun war die einzige Stelle, von der man weit in das Land hinuntersehen konnte. Der Mond hing über den waldigen Hügeln, und die letzten Töne des Lagerlebens erstarben.

Er sah noch eine Weile hinaus, so allein, als sei er der letzte Mensch auf dieser Erde, und er versuchte, sich aller der Verse zu erinnern, die er von dem wußte, der vor hundertfünfzig Jahren hier gestanden haben mochte. Es war nichts verlorengegangen von dem großen Leben, und auch wenn er mit fünfzig Jahren an eine Galeere geschmiedet worden wäre, würde nichts verlorengegangen sein. »Edel, hilfreich und gut ...« Nein, nicht einmal dies war untergegangen, solange ein einziger Mensch es vor sich hin sprach und es zu bewahren versuchte bis in seine letzte Stunde hinein.

Am dritten Tage hatte Johannes ein Stück Heimat und Josef gefunden. Sie verließen ihre Notbaracke und kamen in den 17. Block. Dieser Block umfaßte etwa einhundertzwanzig politische Gefangene und galt als ein Muster kameradschaftlicher Gemeinschaft. Ihr Blockältester, Gorges, ein stiller und ernster Mann, nahm sich seiner auf besondere, wenn auch meistens schweigende Weise an, und ihm wird Johannes sein Leben lang eine unauslöschliche Dankbarkeit bewahren. Ihm wie dem Stubenältesten Jule, der schon fünf Jahre lang seine Heimat nicht gesehen hatte. Er bekam ein Bett im »dritten Stock«, bekam seinen Platz am Tisch zwischen stillen Leuten und hat oft sein Schicksal gesegnet, daß es ihn hier seinen Platz hat finden lassen.

Hier war auch Vater Hermann und der junge Rothermund, und hier fand er auch Josef. Ohne ihn wäre er nicht heimgekommen, sondern, wie es in der grausamen Lagersprache hieß, »durch den Schornstein gegangen«. Das heißt, er würde nach ein paar Wochen sein Ende im Weimarer Krematorium gefunden haben. Nicht umsonst hieß das Lager im Thüringer Land der »Totenwald«.

Josef war Schlosser und zuletzt Straßenbahnführer in Saarbrücken gewesen. Er war ein »Hochverräter« und seit Jahren durch viele Lager gegangen. Er war ein Mann mit einem mächtigen runden Schädel und den Schultern eines Riesen. Er war an Bildung jedem Uniformierten jenseits des Zaunes überlegen, kannte alle Menschen, Dinge und Zustände im Lager und verschenkte, ohne ein Wort zu sprechen, eine unendliche, tröstende und aufrechte Ruhe, die mit einer gelassenen Selbstverständlichkeit aus seinem Dasein ausströmte. Er war der Felsen, an den so mancher Tasso des Lagers sich scheiternd klammerte, und wie auf der Gedenktafel des »Todeskandidaten« soll sein Name, der Name Josef Biesel, mit goldenen Buchstaben in diese Geschichte eingetragen sein. Er ist ein halbes Jahr nach Johannes entlassen worden und ein oder zwei Jahre darauf seinem Herzleiden erlegen.

Johannes weiß nicht, was in seinem Wesen für den anderen anziehend gewesen sein mag. Er nahm sich aller Neuangekommenen an, es verstand sich für ihn von selbst. Aber er blieb bei Johannes sitzen, draußen, auf den Zementrohren, auf denen er saß, fragte, aus welchem Leben er komme, drehte ihm eine Zigarette und stellte mit ein paar vorsichtigen Worten die Welt des Lagers vor ihn hin, wie man sie sehen müßte, wenn man in ihr bestehen wollte. In einer Welt der Rätsel und des Grauens war er der große Kamerad, den Johannes' Augen suchten, wenn er von der Arbeit kam, der Riese aus dem Berge, der herbeikam, wenn die Not bis über die Augen stieg, ein Kommunist, Hochverräter und »Untermensch«, treu, unerschütterlich, selbstlos und adlig und in seiner geringsten Gebärde, in seinem zerrissenen Kleid mehr wert und würdig als die Gesamtheit derer, die ihn hinter dem Stacheldraht bewachten.

Nach ein paar Tagen hatte der Pfarrerssohn Johannes und

diejenigen, die aus einem Leben geistiger Arbeit kamen, von den Steinträgern zur »Oberflächenentwässerung« versetzt. Dies galt als eins der schwersten Außenkommandos und bestand darin, zehn Stunden, mit einer halben Stunde Pause, Loren zu beladen und abends zwei Stunden Baumstümpfe zu roden. Es war nicht nur schwer, weil die zu bewegende Erde aus Lehm, Ton und Kalkstein bestand und vor dem Einladen losgeschlagen werden mußte. Nicht nur schwer im glühenden Sonnenbrand, ohne den geringsten Schatten, sondern viel schwerer im Regen, wenn an jedem Schaufelwurf die Erde klebenblieb und kein Fußtritt einen festen Stand finden konnte. Nicht nur schwer wegen der vielen Posten und der erbarmungslosen Hetze im Arbeitsgang, sondern vielmehr durch die Roheit der beiden Vorarbeiter, eines arbeitsscheuen Schwaben mit immer umwickeltem Hals, dessen ganzer Wortschatz in seinem »Bewegung, Leute, Bewegung!« bestand, das er wohl hundert und mehr Male am Tag über seine Kolonne brüllte, und eines der wenigen »Politischen«, die ihr Abzeichen schändeten, eines Mannes namens Heidenfeld, berüchtigt und gehaßt im ganzen Lager. Er, der wie ein Fleischergeselle aussah, war nach Kräften bemüht, das berühmte Wort des Lagerkommandanten in die Tat umzusetzen: »In diesem Lager gibt es nur Gesunde oder Tote!«, und schon am ersten Tage erkannte er in Johannes einen seiner Natur Entgegengesetzten, einen innerlichen Feind, der außerdem über ihn hinwegzublicken liebte, sobald er ihm seine Schimpfworte zurief. Er gab ihm die schwerste Arbeit, er ließ ihn nicht aus den Augen, er mißhandelte ihn, und er fand in allem seinen knechtischen Helfer an dem Schwaben, für den der gelassene und auch hochmütige Anblick des »Schriftsetzers«, wie er ihn nannte, einem roten Tuche glich.

Johannes tat seine Arbeit, wiewohl er Arme und Rücken nicht mehr fühlte. Er merkte sein Herz versagen, und am zweiten Abend sah er, wie geschwollen seine Füße waren. Er merkte an einer Reihe anderer Anzeichen, daß in seinem Körper Veränderungen vor sich gingen, von denen er wußte, daß sie nicht nur Ernstes, sondern in wahrscheinlich nicht zu langer Zeit das Letzte bedeuteten. Er verlor in drei Tagen dieser Arbeit so viel an Körpergewicht, daß er nun schon denen glich, die er am Steinbruch als Schatten gesehen hatte, und daß er vermied, beim Waschen auf seinen Körper zu sehen.

In den Nächten, nachdem er zuerst wie ein Toter geschlafen hatte, lag er nun lange wach, sein Kleiderbündel unter die geschwollenen Füße geschoben, und bedachte diesen Ausgang seines Lebens. Er durfte zweimal im Monat an die Seinigen schreiben, und sie wußten nach ein paar Wochen völliger Ratlosigkeit nun wenigstens, wo er war. Sie wußten auch, daß es ihm »gutging«, wie die Lagerordnung zu schreiben befahl. Und einmal, ohne die geringste Vorbereitung oder Erklärung, würden sie seine Asche erhalten. Das einzige, was dieses Reich ihnen zu erhalten gestattete.

Er selbst mußte sich fügen in diesen Ausgang. Es gab keinen Ausweg aus dem Käfig. Der Sanitäter, zu dem er eines Abends gegangen war, hatte die Fingerspitzen in seine entstellten Füße gedrückt und nichts als »Ödem« gesagt. Auf Johannes' Frage, ob er damit nicht zum Arzt gehen dürfe, hatte er bitter gelächelt und dann hinzugesetzt: »Wenn du achtkantig herausfliegen willst, kannst du ja gehen.« Der Arzt war für die Sterbenden und Toten da.

Er fürchtete den Tod wohl nicht, wenigstens nicht für sich selbst. Obwohl es schwer war, hier zu sterben. Er dachte an den jüdischen Rechtsanwalt, der mit offener Tuberkulose im Steinbruch gearbeitet hatte und der sich eines Abends, von der Arbeit kommend, vor seine Baracke auf die Erde gelegt hatte. Sie hatten ihn später wenigstens auf eine Bahre gehoben, und die ganze Nacht hatte er nach seinem Kinde gerufen. Am Morgen war er tot gewesen.

Es starb sich schwer hier, Tiere hatten es besser, wenn der Tod zu ihnen kam. Sie schleppten sich in die Dickung, oder eine Menschenhand strich über ihre erblindeten Augen. Aber hier gab es weder Dickung noch Menschenhand. Von einer schrecklichen Einsamkeit war hier der Tod, und der Arzt hob mit der Stiefelspitze die Glieder auf, um zu sehen, ob die Leichenstarre schon eingetreten war.

Aber das war es nicht. Über das Fürchten war Johannes hinaus. Es war ihm nur schwer, an die Seinigen zu denken, wie die Nachricht sie nun erreichen würde. Sie würden niemals wissen, sie würden nur ahnen können. Und alle Ahnung würde von Grauen getränkt sein.

Vater Hermann erschien ihm wie ein Beispiel, das das Schicksal vor ihm aufrichtete. Dieser Mensch hatte in seinem Leben sicherlich niemandem etwas Böses zugefügt. Er hatte seine Fabrik geleitet, für die Seinigen und für seine Arbeiter gesorgt. Sein ganzes Wesen bestand aus einer reinen Güte. Sein Leben hatte zweiundsechzig Jahre gedauert, sauber, fleißig und still. Nun lud man ihm Steine auf den Rücken, gab ihm eine Schaufel in die Hand und stieß ihn vor sich her. Er hatte unter »Freunden« geäußert, daß der Propagandaminister an seinen Volksempfängern wahrscheinlich eine Menge Geld verdiene, und einer dieser Freunde hatte ihn denunziert.

Er war hilflos wie ein Kind in einem Strudel. Seine Füße waren mit Blut und Blasen bedeckt, sein Gesicht mit Schrammen, und ein Posten hatte ihm die Karabinermündung auf die Brust gehalten. Gorges und Josef schickten ihn zu den Sanitätern, und er bekam eine Schonungsfrist auf dem Holzhof, wo die beschäftigt wurden, die man sonst auf Bahren zur Arbeit hätte tragen müssen. Doch hatte er am nächsten Morgen Fieber. Am späten Nachmittag wurde eine Temperatur von 39,5 Grad bei ihm festgestellt, und abends sollte er in die Revierstube. Er hatte Lungenentzündung.

Doch an diesem Abend, noch bevor er hinüberging, berührte ihn schon der Tod. Beim Appell um vier Uhr fehlte ein Gefangener. Eine Stunde später zog wie üblich das ganze Lager aus, um ihn zu suchen. Die Hunde wurden losgemacht, und dem, der ihn fände, wurde eine Belohnung versprochen. Es war so, daß derjenige, der den Plan zur Flucht gefaßt hatte, am Nachmittag nicht von der Arbeit einrückte, sondern sich im Walde verbarg, um bei Nacht sich durch die Postenkette zu stehlen. Es war aussichtslos, aber es wurde immer wieder versucht.

Es war angeordnet worden, daß die Sirene ertönen würde, sobald man den Vermißten gefunden hätte, und daß darauf ein zweiter Appell stattfinden sollte.

Vater Hermann blieb auf dem Holzhof. Das Fieber verdunkelte seinen zerstörten Sinn, und er schlief ein. Der Gefangene wurde gefunden im Wipfel einer Buche und schon halb totgeschlagen, ehe er wieder am Lager war. Die Sirene heulte über dem ganzen Wald, und als die Suchenden wieder versammelt waren, bekam der Unglückliche dreißig Stockschläge und wurde in den Verschlag gezwängt, in dem kurz vorher ein Schwein ins Lager gebracht worden war. Man stieß ihn mit Stiefelabsätzen hinein, bis er gekrümmt, auf Händen und Füßen, auf dem schmutzigen Boden des Verschlages kauerte. Dann nagelte man die Latten über ihm wieder zu und ließ ihn die ganze Nacht so auf dem Hof.

Der Appell fand von neuem statt, und wieder fehlte ein Mann. Es war Vater Hermann. Er hatte die Sirene nicht gehört und schlief auf dem Holzhof. Man fand ihn und schleppte ihn vor den Lagerführer. Er schwankte, und man sah, daß er schon auf dem dunklen Wege begriffen war. Der Bock stand noch da, und man schnallte ihn sofort fest. Er wurde ausgepeitscht, fünfzehn oder zwanzig Schläge, und es war Johannes, als spüre er das Zittern der Empörung und des Hasses durch das ganze Lager gehen. Er sah über den Arm des Galgens, über die Baumwipfel hinweg in die rötlichen Abendwolken. Verse fielen ihm zu, aus einer erstorbenen Vergangenheit, von einer feierlichen Melodie schreitend getragen: »O wie schön ist deine Welt, Vater, wenn sie golden strahlet ...« Er zitterte, als empfinge er selbst die Schläge. Nein, kein Vater mehr, hoch über Sternen und den goldenen Wolken. Kein Vater, sondern das versteinerte Gesicht des Brudermörders Kain, der auf den Weltenthron gestiegen war, um den Rauch der Opfer einzuatmen.

Sie zwangen ihn, den schweren Bock fortzutragen. Der alte Mann brach zusammen, und sie stießen ihn vor sich her. Auf Händen und Füßen kroch er über die Erde, die schwere Last auf seinem geschändeten Körper. Es dämmerte schon, und aus der Ferne sah es aus wie ein ungefüges Kreuz, das ein Gemarterter zu seiner Richtstätte schleppte.

Deutsche Dichter hatten sich mit feurigem Pathos zur Wehr gesetzt, daß man dieses Reich den Rückfall ins Mittelalter nannte. Ach, er ging viel weiter zurück, eintausendfünfhundert Jahre zurück und noch weiter, bis zu den Zeiten, in denen man die Kreuze aufrichtete und die Schädelstätten baute. Einmal würden sie es alle wissen, auch die Dichter, was zu ihrer Zeit geschah, und auch sie würde man fragen, wo ihre Stimme gewesen sei, als der deutsche Mensch ans Kreuz geschlagen wurde. Als der Vorhang noch einmal zerriß und der Schrei noch einmal über die Erde ging: »Gott, mein Gott, warum hast du mich verlassen?«

Vater Hermann starb in der nächsten Nacht, an seiner Lungenentzündung und seiner Schande, die doch nicht die seinige war. Er war gerade acht Tage im Lager gewesen, in dem Lager, in dem es nur Gesunde und Tote gab.

Johannes bekam sein Bett. Es sträubte sich wohl etwas in ihm dagegen, aber er konnte mit seinen geschwollenen Händen und Füßen nicht mehr zu seinem »dritten Stock« emporklettern, und dieses lag zu ebener Erde. Nein, der Tod war nicht an solche Zeichen gebunden. Er hungerte hier nicht. Er brauchte nur zuzugreifen. Der Monat Juli bescherte ihm in diesem Lager allein einhundertunddrei Tote.

Aber Josef sah, wie es stand. Ihn täuschte kein Schweigen und kein unbewegtes Gesicht. Er erfuhr das Nötige über Heidenfeld, und am Abend sprachen er und Gorges mit ihm. Ohne Nutzen, aber am nächsten Abend sprachen sie noch einmal mit ihm. Johannes erfuhr nicht, was sie gesagt hatten. Vielleicht hatten sie ihm ein kurzes Leben nach seiner Entlassung aus dem Lager prophezeit, vielleicht hatten sie auch nur Johannes' Ruhm zu den Sternen erhoben.

Am nächsten Morgen wurde Johannes von seinem Arbeitsplatz zum Kipplorenkommando geschickt. Dort wurden die Loren, die sie oben beladen hatten, entleert, indem sie über einen Abhang gestürzt wurden, die Geleise verlegt und festgemacht und die Oberfläche geebnet.

Hier war die Stille des Paradieses. Noch immer war die Arbeit schwer, ebenso lange und ebenso ohne Schatten. Aber hier herrschte der Vorarbeiter Hans. Auch Hans Becker stammte aus dem Saarland, ein einfacher Arbeiter, riesig gewachsen, rauh in Wort und Gebärde. Aber er rührte keinen seiner Leute an. Was gefehlt wurde, nahm er auf seine breiten Schultern, und seine Augen wachten über Johannes wie über einen Bruder. »Immer langsam, Johannes!« sagte er mit seiner heiseren Stimme im Vorbeigehen. »Laß dir Zeit ... immer nur so, daß es nach Arbeit aussieht ... Du bist viel zu schade für diese Schweine.«

Guter und Braver, was hat Johannes dir viel mehr geben können als hin und wieder ein paar Zigaretten und ein paar Verse für deine Frau zu ihrem Namenstag, um die du ihn batest? Aber in die goldene Tafel seines Lebens bist auch du aufgenommen, und nicht als der Geringsten einer. Du wußtest nichts von Goethe oder Mozart. Du glaubtest an keinen Gott und warst ein Hochverräter, aber wenn ein Gericht sein wird, von dem die Bücher sagen, werden die Richter aufstehen und sich neigen vor dir, weil du vieler Menschen Kreuz auf dich genommen hast. Und wenn Johannes verzweifeln wollte oder will an seinem Volk, so braucht er nur deiner und deinesgleichen zu gedenken. Nicht der Großen des Rechtes oder der Wissenschaft, nicht des Adels oder der Uniformen, nicht der Dichter oder Redner. Sondern allein des einfachen Mannes, der so ist, wie du warst. Wie Josef war, wie Hunderte waren, die dort sein Leben stützten und hielten. Ihr wart die Tapferen unter Millionen von Feigen, ihr trugt euer Schicksal drei und vier und fünf Jahre lang, und ihr hattet noch Kraft genug, um denen die Hand zu reichen, die am Abgrund standen.

Doch konnte auch hier Johannes sich nicht verhehlen, daß sein Körper dahinging. Immer noch zählte der Tag vierzehn Stunden. Er umwickelte seine Hände und Unterarme mit Taschentüchern, aber die Sonne verbrannte die Haut durch die Binden hindurch. Große Blasen hoben sich aus der Haut und eiterten, die Gelenke der Finger waren zerfressen, die Füße wollten nicht mehr in die schweren Schuhe hineinpassen. Manchmal blieb ein Posten stehen, immer von denen, die noch in den Windeln gelegen hatten, als Johannes schon jahrelang über die Straßen des Großen Krieges marschiert war, und sah mit Behagen zu, wie seine Hände sich quälten. »Kommst du Hund aus dem Gefängnis?« – »Nein.« – »Aus dem Zuchthaus?« – »Nein.« – »Ihr blöden Hunde, nur zum Totschlagen seid ihr gut, egal, wo ihr herkommt!«

Hans spie aus, wenn er sich weitertrollte.

Wieder kam er zu den Sanitätern. Sie wußten nun schon, wer er war, und taten ihm Gutes, soviel sie konnten. Sie konnten nicht dafür, daß ihr Vieles so wenig war.

Für eine Woche kam er auf den Holzhof.

Der Holzhof lag an der Westseite des Lagers, zwischen Stacheldraht und Appellplatz. Hier wurde, was die Küchen zur Feuerung brauchten, gesägt und kleingemacht, Gebirge von gerodeten Baumstümpfen türmten sich hier, und immer stand eine dünne, tröstende Rauchsäule über dem Platz, wo man durch die Menge aufgesetzter Brennholzhaufen vor den zudringlichen Augen geschützt war.

Hier war das Asyl derer, die man notgedrungen ein paar Tage in Ruhe lassen mußte, ehe die Mühle sie von neuem mahlen konnte.

Aber was war im Totenwald ein Asyl? Seine letzten, seine allein sicheren Pforten tat erst der Tod auf. Hatte man doch einmal sogar aus der Revierstube, wo fast nur Sterbende lagen, zwei von ihnen geholt, sie auf den Bock geschnallt und gepeitscht.

Auch war, was sich hier aus allen Gruppen und Arten der Gefangenen zusammenfand, nicht danach geartet, Johannes zum Trost zu gereichen. Die Aufseher waren zwei »Grüne«, einer von ihnen mit einem wahren Galgengesicht, und derjenige, der die Listen führte und sie jeden Morgen zu den Sanitätern brachte, ein kümmerliches Subjekt mit allen schlechten Eigenschaften schlechter Unteroffiziere, das sein erbärmliches Dasein mit billigem Witz an ihnen zu rächen suchte. Ein kleiner Tyrann mit zerrissenen Filzschuhen, der jeden Schlag, den er von oben empfing, doppelt an sie weitergab und sehr stolz auf die Kunst dessen war, was er Ironie nennen mochte und was doch niemals über die Ebene eines schalen und platten Witzes hinausging.

Niemals im Lager war Johannes so allein gewesen wie hier, und er war es zufrieden. Er konnte still seinen Gedanken nachhängen, und sie gingen alle dahin, ob er nun in seinem Dasein vieles versäumt hätte und ob nun dieser Ausgang einiges von dem wiedergutmachen würde, was er gefehlt hatte.

Es gab hier für ihn, nach Anweisung der Sanitäter, keine andere Arbeit, als dazusitzen, die Füße abwechselnd auf ein Holzstück gelegt, und lange Wurzeln, aus denen man Körbe flocht, von ihrer dünnen, faserigen Haut zu befreien. Dazu gab es kleine Glasscherben, nicht größer, als daß man sie gerade zwischen zwei der verbundenen Finger halten konnte, und mit ihnen fuhr man auf dem glatten Holz auf und ab, bis die braune Wurzel weiß geworden war. Stunde für Stunde, bis die zwölfte abgelaufen war. Dazwischen konnte man, mit Erlaubnis des Vorarbeiters, eine Weile abseits am Feuer sitzen, es schüren, Äste herbeitragen und sich bei geschlossenen Augen einbilden, es sei ein Hirtenfeuer aus versunkenen Tagen der Jugend.

An kalten und regnerischen Tagen – und ihrer waren nicht wenige in jener Landschaft – wurde jede Stunde zu einer dumpfen Qual, und es war ein besonderes Bild, dieser Haufen frierender, kranker, meist fiebernder Menschen, wie sie an die runden Holzstöße gelehnt dasaßen, einen weißen Ast in den Händen, an dem sie mechanisch herumschabten, mit erloschenen Augen, in die der Regen fiel, indes der singende Laut der Sägen eintönig durch das Schweigen ging, auf und ab, wie ein eiliger, niemals verstummender Perpendikel der grauen Ewigkeit.

Nur zweimal gab es eine kurze Unterbrechung und eine vorgetäuschte Tätigkeit: wenn der Lagerarzt auf seinem Gang zum und vom Revier vorbeikam. Nicht etwa, daß er die Kranken angesehen hätte. Er ging zwischen ihnen hindurch wie zwischen einem Haufen von Mülleimern, elegant, in hohen Stiefeln mit Sporen. Er sah sie gar nicht. Aber jedesmal, bevor er kam, mußten die Juden unter den Kranken sich abseits stehlen und sich verbergen, weil der Arzt keine Juden sehen konnte. So zart und edel war die nordische Rasse in ihm ausgebildet, daß er zu rasen begann, wenn ein Bild jener anderen, dunklen Menschengemeinschaft vor ihm auftauchte.

Es gab Tage, an denen Johannes kein Wort zu sprechen brauchte, als das »Hier!« beim Namensaufruf. Niemals in seinem Leben hatte er so viel Zeit gehabt. Er konnte zu den Wolken aufblicken oder in die Gesichter seiner Gefährten, wie es ihm beliebte. Auch hier, an der Schwelle zu einem dunklen Reich, gab es immer noch vieles zu sehen und zu hören. Auch hier spannen sich Lebensläufe von einer dunklen Spindel ab, klagend oder prahlerisch vorgetragen. Auch hier war der Webfaden des Schicksals zu sehen, wie er sich brüchig durch das Gewebe flocht. Da waren Zigeuner und Zuchthäusler, Vagabunden und Angestellte, Matrosen und jener zweifelhafte Zeitgenosse, den seine Frau während seiner Gefangenschaft verlassen hatte, mitsamt den Möbeln, wie er hervorhob, und der nicht müde wurde, die Geschichte seiner Ehe zu erzählen, die er hundertmal am Tage mit der erbitterten Feststellung beschloß: »Das Saustück! Die Hure!«

Und da waren schließlich auch die »Blöden«. Auch ihr Arbeitsfeld war hier, aber es ließ sich bei ihnen noch weniger von Arbeit sprechen als bei Johannes und den anderen. Sie trugen Äste zum Feuer und trugen sie wieder zurück. Sie wärmten in Konservenbüchsen Wasser und wuschen die Fetzen ihrer Hemden darin. Sie standen in strömendem Regen, regungslos wie Pfähle, und starrten vor sich hin.

Es gab einen Schriftsteller unter ihnen, mit dem Johannes mitunter ein paar Worte sprach. Er war nicht im geringsten »blöde«, aber er hatte sich mit Geschick so gestellt, um es leichter zu haben. Johannes war nicht besonders stolz auf diesen Zunftgenossen. Dann war ein Mann aus Köln da, stark und gut gewachsen, ein Ausbund von Faulheit und Dickfelligkeit, der sich jammernd auf sein krankes Bein berief und dessen ganzes Dasein von einem erbitterten Kampf mit dem »Capo« der Blöden ausgefüllt war, der ihn zur Arbeit zwingen wollte und jede Mahnung und Drohung wie an einer Mauer heruntertropfen sah. Johannes konnte ihnen stundenlang zuhören mit einer müden Teilnahme, und immer war das Ende des Kampfes, daß der Kölner sich mit einem dummen Triumph in seinem Gesicht in einem Haufen Reisig verkroch, wo er wie ein Tier an einer Brotrinde nagte.

Der Ärmste unter allen aber war ein junger Mensch, der noch ein Jahr zuvor bei der Polizei Dienst getan hatte, bis ein einziges Jahr des Lagerlebens ihn zerbrochen hatte. Er hatte ein schmales, verhärmtes Kindergesicht, seine Uniform hing in Fetzen an ihm herunter, er sprach nie, er lächelte nie,

98

er weinte nie. Er konnte eine Stunde lang dastehen, den gestorbenen Blick in die Ferne gerichtet, ohne Mütze, indes der Regen auf sein braunes Haar fiel und an seinen Wangen herunterrieselte. Er war wie ein abgestorbener junger Baum, aller Zweige und auch aller Wurzeln beraubt, und ein Vogel hätte sich zu flüchtiger Rast auf ihm niederlassen können, wenn es Vögel im Lager gegeben hätte. Aber es gab keine. So verflucht war diese Stätte, daß auch die Vögel nur hinter Gittern saßen.

Ihn konnte Johannes lange ansehen, und er meinte manchmal, wenn Christus einmal wiederkäme und durch dieses Lager ginge, dann würde er bei diesem zuerst stehenbleiben und den Regen aus seinen Augen wischen.

Einer der berüchtigtsten Leute im Lager war der Führer der Blöden, ein älterer Mann mit einem maskenhaften Gesicht, ein Sänger und Versemacher, der nach seinen Erzählungen einmal als Impresario einer Opernbühne in Amerika gereist war. Sicherlich war er in vielen Schiffbrüchen gescheitert, und nichts war von ihm übriggeblieben als eine Knechtsseele, ein Angeber und ein Speichellecker, der ein Lagerlied verfaßt hatte mit dem Kehrreim: »Halli hallo ... im Buchenwald!«

In einem früheren Lager war er an einem freien Tag vorgetreten mit der Bemerkung, er mit seinen Leuten verspüre den dringenden Wunsch, zu arbeiten, worauf ihm der Lagerführer zu aller Freude eine schallende Ohrfeige versetzt hatte. Auch hier traf ihn noch zu Johannes' Zeiten das Schicksal hart und nicht ungerecht. Er hatte einem hungernden Juden einen kleinen Rest seines Mittagessens für eine Mark verkauft, war angezeigt und über den Bock gelegt worden. Dann kam er zur Arbeit in den Steinbruch, wo man in gewohnter Grausamkeit mit ihm verfuhr. Doch zeigte er auch hier einen Kameraden an, der geraucht hatte. Abends sah Johannes ihn manchmal von der Arbeit zurückkehren, mit zerrissenen Kleidern, Blutspuren im Gesicht, ein Mann, der hoffnungslos dem Ende entgegentrieb. Doch hat er später gehört, daß es ihm gelungen sei, wieder zu seinem alten Posten zurückzukommen, wo er nun wohl heute noch die Schar seiner Armen beaufsichtigt und Preislieder auf das Lagerleben dichtet und komponiert.

Hat es doch auch Dichter gegeben, die Preislieder auf das Reich gedichtet haben, in dem dieses Lagerleben – Halli hallo! – vor sich ging. Und was den Capos der Klugen recht war, sollte es den Capos der Blöden nicht billig gewesen sein?

Inzwischen ging Johannes täglich zu den Sanitätern. Sie schüttelten den Kopf zu seinen Wunden, kratzten den Eiter fort, der sich nun schon weit auf den Unterarm hinaufzog, legten eine Salbe auf und verbanden alles wieder. Ihrer wird Johannes immer in Dankbarkeit gedenken. Auch sie waren »Hochverräter«, einer von ihnen ein Maurer mit einer wunderbaren, mächtigen Stimme, die man abends zuweilen zur Gitarre hören konnte, der andere ein älterer, stiller Mann, mit sanften Händen und schönen Augen, aus denen soviel Trost auf Johannes strömen konnte. Sie waren schon im fünften Jahr Gefangene, und vielleicht war ihr Amt das schwerste, das es im Lager gab. An menschlichem Halt hatten sie nur den zweiten Arzt, und er bedeutete wenig neben seinem sporenklirrenden Vorgesetzten.

Was sie in ihrer Baracke gesehen haben, mag wohl eine Chronik des höllischen Grauens füllen, und schon was Johannes während des Wartens und Verbindens erblickte, schien ihm über menschliche Maße hinauszugehen. Er hatte niemals Körper gesehen, die so bis auf das Skelett verwüstet, niemals

Wunden von zwei Spannen Länge, in denen der Eiter alle Knochen bloßgelegt hatte. Selbst die Erde im Bezirk des Lagers schien verflucht zu sein, denn die meisten Schwieleneiterungen an den Händen führten zur Amputation eines oder mehrerer Finger. Es gab keine vorbeugenden Maßnahmen, keine Schonung, keine Hygiene. Man schnitt herunter, was nicht mehr heilen wollte. Auch mit neun Fingern konnte man noch eine Schaufel halten, und wer entlassen würde, mußte ohnedies unterschreiben, daß weder Unfall noch Krankheit ihn im Lager betroffen hätten. Der Rechtlose hat auch seine Finger hinzuhalten, wenn der Staat es verlangt, und der Wahlspruch »Jedem das Seine« ist vieler Auslegungen fähig.

An dem Sonntag, der dieser Woche folgte, war Johannes' linke Hand bis in die Fingerspitzen unter dem Verband geschwollen, und da die Schmerzen sich den Arm hinauf bis in die Lymphdrüsen zogen, machte er sich auch auf dieses gefaßt. Es ging nun in einem hin. Es gab keinen Sanitätsdienst mehr, und es war ihm zuwider, Vorrechte in Anspruch zu nehmen. Bücher schreiben konnte man auch mit einem Arm, aber es gab wenig Aussichten, daß ihm noch einmal vergönnt sein würde, ein Buch zu schreiben.

Die Nacht ist lang im Lager für jemanden, der sich seiner Hoffnungen langsam begibt, auch wenn sie schon in der Dämmerung endet. Der alte Sanitäter machte ein ernstes Gesicht. Es gab keine Haut mehr auf dem Handrücken und weit über das Gelenk hinauf, nur tiefe Höhlen, aus denen der Eiter floß. Er nahm Johannes in die Nebenbaracke hinüber, wo der von ihnen tätig war, der bei allen Gefangenen mehr galt als alle Ärzte. Er sah den Arm eine Weile an. »Alkoholverbände!« sagte er dann. »Und nicht die geringste Bewegung. Das kriegen wir noch einmal, nicht wahr?«

Johannes nickte. Es war ihm plötzlich leicht ums Herz, und als der Alkohol auf die Binden gegossen wurde und der strenge, reine Geruch ihn einhüllte, war ihm, als beginne sein Leben sich in dieser Minute zu wenden.

Auch hat dies Gefühl ihn nicht betrogen.

Als er die Baracke verließ, sah er zum ersten und einzigen Male den sporenbewehrten Arzt bei der Ausübung seines Dienstes. Es war nämlich verboten, daß sich vor der Revierbaracke mehr als je zehn Kranke für die innere und äußere Station aufstellten. Da aber die doppelte oder dreifache Zahl von ihnen allein zum Verbinden bestellt war, so gab es für einen Teil von ihnen und für alle neu sich meldenden Kranken keine andere Möglichkeit, als sich im Walde auf die Lauer zu legen und sofort herbeizustürzen, wenn eine Gruppe von fünf Kranken herbeigeholt worden war. Da aber auch das verboten war, so blieb ihnen nichts übrig, als eines der Verbote zu übertreten oder sich in Luft aufzulösen und sich im geeigneten Augenblick wieder zu »materialisieren«. Es gab Schwerkranke, die stundenlang dastanden oder kauerten und schließlich doch umkehren mußten. Es hatte eben keine Kranken zu geben.

Auch machte man sich beim Appell mitunter den Scherz, alle vortreten zu lassen, die ein körperliches Leiden hätten. Waren ihre Nummern notiert – wie viele Nummern! –, so entzog man ihnen für den ganzen Tag das Essen mit der Begründung, Kranke dürften keine Nahrung zu sich nehmen.

An diesem Vormittag nun, als Johannes aus der Baracke heraustrat, sah er den eleganten Arzt damit beschäftigt, mit Steinwürfen die vor der Baracke angetretenen Kranken auseinanderzutreiben, deren Zahl ihm zu hoch schien. Als der Platz leer war, säuberte er seine Handschuhe, sagte »Feiges Gesindel!« und trat in die Baracke ein. Als er drinnen war, schlichen die Geflohenen wieder hinter den Bäumen hervor und nahmen ihren alten Platz ein. Sie waren mehr gewohnt als dieses, und weshalb sollte ein Arzt nicht mit Steinen werfen, wenn es ihm Spaß machte? Hier konnte jedermann seinen Spaß treiben, wenn er eine Uniform trug. Achttausend Gesichter luden ihn dazu ein, und wer achttausend Kegel auf einem Felde aufgestellt sieht, sollte den nicht die Lust anwandeln, einmal seine Kugel unter sie rollen zu lassen?

In der Mittagspause kam Josef, sah besorgt auf die Verbände, ließ sich berichten und sagte dann in seiner stillen Art, daß er nun hoffe, Johannes sei aus dem Gröbsten heraus, weil er morgen bei den »Strumpfstopfern« eintreten könne. Er habe einen Bekannten dort, einen Saarbrücker Fahnenfabrikanten, einen guten Kameraden. Mit dem habe er alles besprochen, und da auch der Capo einverstanden sei, so brauche Johannes nun weder mehr Steine zu tragen noch Loren zu beladen, noch Loren auszukippen, noch Baumstümpfe zu roden. Es sei gleich die nächste Baracke, er sei den ganzen Tag unter Dach und Fach, außer bei den Appellzeiten, und wenn er sich dort einigermaßen anstelle, so sei er über den Winter gerettet. Zwölf Stunden Strümpfe stopfen sei zwar auch kein Paradies, aber auf solche Schätze hätten sie auch endgültig verzichtet. Aber vielleicht würde er dort auch das Wasser aus den Füßen verlieren, er solle nur guten Mutes sein.

Johannes konnte nicht antworten. Das wiedergeschenkte Leben bedrängte ihn, sein Arm schmerzte nicht mehr, und es war ihm, als sehe er ganz in der Ferne, der schon verlorenen Ferne, die gebeugten Gestalten der Seinigen sich wiederaufrichten und ihm über den Totenfluß hinüber zuwinken.

So war also ein Wunder geschehen. In Josefs rauhen und verarbeiteten Händen war es geboren und gewachsen, bis es seine Zeit vollendet hatte und nun leuchtend vor Johannes stand. Darüber sei nichts weiter zu reden, meinte Josef. Sie wollten nun, ehe die Sirene wieder anfinge, noch in Frieden eine Zigarette rauchen.

So kam Johannes zu den Strumpfstopfern. Es war ein langer Barackenraum mit Tischen und Bänken für etwa einhundertzwanzig Gefangene. In einer Ecke thronte der Capo, in der zweiten stand der Tisch zum Sortieren und Zählen, den übrigen Raum, durch einen Mittelgang getrennt, füllten die Arbeitsbienen. Durch die eine Reihe der Fenster sah man auf die Kammerbaracke, durch die andere in eine Anzahl noch grüner Buchenwipfel. Jene englische Lady, die einmal das Dachauer Lager besuchte und nachher schrieb, sie könne sich denken, daß manche dies Lager nicht mehr verlassen wollten, so schön sei alles, würde auch diesen Raum vielleicht wonderful gefunden haben. Es gibt Berichterstatter, die, vom Erzengel Michael in die Hölle geführt, diesen Ort wahrscheinlich als »den Umständen entsprechend komfortabel« bezeichnen würden.

Zunächst schien dieser Arbeitssaal Johannes mit einem merkwürdigen Geruch erfüllt zu sein, der die Mitte zwischen dem in kleinen Schneiderwerkstätten und dem in Männersiechenheimen zu halten schien. Zumal an Tagen, an denen während des Morgenappells der Regen sie durchnäßt hatte, war es ihm schwer, in der ersten Viertelstunde tief zu atmen, und wäre er aus seiner Freiheit ohne Vorbereitung an diesen Platz gesetzt worden, so hätte er in ihm wohl eine kleine bürgerliche Hölle erblicken mögen. Aber die Freiheit lag schon lange zurück, so lange fast wie die Kindheit, und inzwischen hatte es ja einige Stationen gegeben, die eine Bank, einen Tisch und ein Dach über dem Kopf als einen stillen Abglanz eines bescheidenen Himmels ansehen ließen.

Der Capo, ein früherer Buchdrucker, rückfällig und »politisch«, trug eine Brille vor dem schmalen Gesicht, war ängstlich, aber freundlich, wenn auch Launen und Einflüsterungen nicht unzugänglich. Die Gespräche waren still, es fiel kaum ein rohes Wort. Von dem Fleiß und der Sauberkeit der Arbeit hing das Verbleiben an dieser ruhigen Stätte ab; und es schien Johannes vom ersten Tag an, als seien hier nicht drei, sondern hundert der berühmten »Gerechten Kammacher« auf einem Haufen angesammelt. Auch sollte er bald erkennen, daß zu den beiden zuerst empfundenen Gerüchen noch ein dritter und sehr beherrschender kam. Der leise säuerliche Geruch sektiererischer Tugend.

Es war nämlich diese Gemeinschaft nicht nach »Farben« geordnet, sondern mit ganz geringen Ausnahmen war sie eine Gemeinschaft der Gebrechlichen. Unter diesen nun, vielleicht weil der gebrechliche Körper am ehesten sich zu den jenseitigen Dingen wendet, befand sich eine große Anzahl jener Unglücklichen, die das Dritte Reich mit besonderer Erbarmungslosigkeit verfolgte, weil sie eben mit besonderer Unbeugsamkeit sich jenen Heilslehren verschlossen: der Sekte nämlich der »Ernsten Bibelforscher«.

Johannes hatte wenig von ihnen gewußt, außer daß er gelegentlich von Gerichtsverhandlungen gelesen hatte, in denen diese zunächst einmal reihenweise verurteilt wurden, weil sie sich weigerten, das Gericht mit jenem Cäsarengruß der Emporkömmlinge, dem sogenannten »deutschen Gruß«, zu begrüßen. Aber da die Richter in jenen Jahren alles verurteilten, was man ihnen befahl, allein mit der tiefsinnigen Begründung, es »widerspreche dem Volksempfinden«, so war daraus wenig zu entnehmen gewesen.

Nun aber saßen an seinem Tisch allein drei von ihnen, und es konnte nicht ausbleiben, daß das Gespräch sich ihrem Glauben zuwendete, um so mehr, als sie alle dunkler Prophezeiungen bei jedem Anlaß voll waren, von deren baldiger Verwirklichung sie mit einer Gewißheit überzeugt waren, die etwas Beängstigendes hatte. Auch lag für Johannes etwas Unheimliches darin, daß ihre Köpfe einander fast alle ähnlich waren. Dumpfe, holzgeschnitzte Gesichter hinter Brillengläsern, mit asketischen Lippen und der leisen beschwörenden Stimme von Eiferern. Gesichter, die aus derselben Enge, derselben Not und derselben Verheißung geprägt schienen und von denen Johannes sich gut denken konnte, daß sie mit unbewegtem Antlitz zusehen würden, wie alle Ketzer mit einem langsamen Feuer in die ewige Verdammnis hinüberbrieten.

Unter ihnen waren alle Stände und Berufe vertreten, sogar der Träger eines alten Adelsnamens war hier zugegen. Am liebsten aber war Johannes ein jüngerer, von schwerer Tuberkulose schon halb zerstörter Mensch aus der sächsischen Landschaft, freundlich, aufgeschlossen und von der Heiterkeit des baldigen Todes in rührender Weise bestrahlt, der ihm am Tisch gegenübersaß und der sich gern und mit kindlicher Sicherheit über seinen Glauben ausließ.

Was nun allerdings bei näherem Zusehen auf dem Grunde dieser Weltanschauung lag, war so beschaffen, daß es sich jeder ernsthaften Diskussion völlig entzog. Wer bis auf das Jahr genau weiß, wann diese Welt erschaffen wurde, und fast ebenso genau auf das Jahr, wann sie zugrunde gehen wird, wer die chinesische und ägyptische Kultur für eine lügenhafte Erfindung wissenschaftlicher Schwindler hält, da ja vor sechstausend Jahren erst Adam zu leben begonnen habe, wer gar die Zahlen der Erdgeschichte, und seien sie noch so

gering angenommen, für das Erzeugnis einer höllischen Idio-
tie hält: mit dem ist schwer zu disputieren und noch schwerer zu rechten, weil ein anderes Zeitalter, ja, ein anderer
Stern unter seinen Füßen zu liegen scheinen, und weil ein
prophetischer Glanz seine Augen trübt, indem er alle Tat-
sachen nur wie kindliche und kindische Lehmfiguren erblickt.

Am einfachsten und grundsätzlichsten verhielt sich in solchen Diskussionen Johannes' Nachbar zur Linken, ein
schweigsamer, finsterer Sinnierer, der bereits den ersten vorsichtig geäußerten Einwand mit der trockenen Feststellung niederschlug: »Na, denn nicht!« Worauf dann nichts
mehr zu sagen blieb.

Doch waren von allen Insassen des Lagers sie die einzig
Unbeugsamen. Es gab solche unter ihnen, die nach ein oder
zwei oder drei Jahren der Haft freigelassen werden sollten,
wenn sie eine Erklärung unterschrieben, daß sie sich ihrer
Sekte fortan fernhalten wollten. Keiner von ihnen tat das,
obwohl sie weder Post noch Geld empfangen durften und
nicht nur sie, sondern auch ihr Gott Jehova auf eine wahrhaft verruchte Weise gequält und geschändet wurden. Auch
verweigerten sie nach ihrem Glauben den Kriegsdienst, und
Johannes zweifelte bei keinem von ihnen, daß er nicht aufrecht und des Paradieses gewiß in den Tod gehen würde.

Doch lag begreiflicherweise keine beispielgebende Kraft in
der Starrheit dieser Haltung, weil ihre Wurzeln in einen zu
dumpfen Boden reichten. Man konnte sie alle achten, aber
man mußte sie auch alle bedauern. Der Märtyrer, der für
den Glauben stirbt, daß man nur Gras essen dürfe, begibt
sich des Heiligenscheins um seine Stirn.

Was aber diesen Raum für Johannes mit dem Licht einer
leuchtenden Erinnerung bestrahlt, das ist die Gestalt des

»Vaters Kilb«. Die kleine, gedrungene Gestalt eines stillen Bürgers aus einer deutschen Stadt, der nach seinem bescheidenen Tagwerk die Rosen seines winzigen Gartens schneidet und gießt, der vor seiner Haustür den Mond aufgehen sieht und in seiner Art und seinem Gemüt alle Tugenden einer schon vergangenen Zeit still und schmucklos in sich versammelt. Einer Zeit, die in Ludwig Richters Zeichnungen bewahrt ist, in der man weder nach Macht noch nach Ruhm, noch nach Größe trachtete, sondern in einem gottseligen Leben und Sterben den Kreis des Daseins umfing. Einer Zeit, über die zu lächeln uns nicht gut anstehen würde, weil wir sie durch eine viel zweifelhaftere ersetzt haben, in der wir neben vielem anderen auch das verloren haben, was jene so liebenswert machte: die Treue im Kleinen, aus der so viele große Dinge gewachsen sind.

Vater Kilb war Ältester an einem der Tische, und Johannes wurde in seine Obhut gegeben. Zwar waren seine Finger noch kaum beweglich, und Vater Kilb ermahnte ihn sehr, sich zu schonen, doch machte er sich, nachdem er eine Weile aufmerksam zugesehen hatte, mit gutem Willen an seine Arbeit, und sein Probestück gelang so gut, daß der Capo ihm väterlich auf die Schulter klopfte und ihm eine gute Zukunft voraussagte.

Da hatte nun also ein neues Kapitel seines Lebens vielversprechend begonnen. Ein seltsames Kapitel, wenn er seiner bisherigen Lebensarbeit gedachte, aber weshalb sollte er nicht in die Wiederherstellung eines Strumpfes die gleiche selbstlose Kunstfertigkeit legen können wie in die Nachschaffung eines Schicksals, das er in seinen Büchern aus dem dunklen Urgrund der Phantasie in die Klarheit eines neuen Lebens aufsteigen ließ? Und was die Frage der Würde anging, so lag sie ja nicht im Objekt, sondern im Subjekt. Er mochte lächeln über dieses Tagewerk, aber er vergaß nie, wie glücklich er darin zu sein hatte. War ihm doch von Pfarrern erzählt worden, die gezwungen wurden, die offenen Latrinen mit den Händen zu entleeren und dazu eine Predigt zu halten!

Von allen Gefährten, die Johannes im Lager fand, war ihm Vater Kilb die rührendste Erscheinung. Er war bis zu einem schweren Unfall Eisenbahnassistent gewesen. Dann hatte er in einem Dorf am Fuße des Taunus ein Haus gebaut, einen Garten angelegt und einen Kolonialwarenhandel eingerichtet. Auf Grund einer falschen Denunziation war er ein halbes Jahr im Gefängnis gewesen und nach einem Streit mit seinem Landrat als ein zweiter, bescheidener Michael Kohlhaas in das Lager gekommen. Hier war er nun schon über anderthalb Jahre. Immer still, immer für sich, mit der kurzen Pfeife im Munde, wenn die Arbeit zu Ende war, und mit den so gütigen Augen immer auf der Wanderschaft, ob er nicht jemanden fände, mit dem er einmal von den Seinigen, seinem Haus, seinen Rosen sprechen könnte.

Und nun hatte er Johannes gefunden. Es war, als habe er jahrelang seine stille Sehnsucht gesammelt, um sie nun an jemanden verströmen zu können, der ihrer wert sei. Er war nur ein paar Jahre älter, aber man konnte ihn nicht anders nennen als »Vater« Kilb. Seine Güte hatte etwas Rührendes und fast Beschämendes. Er suchte Johannes die am wenigsten zerrissenen Strümpfe heraus, ohne daß es einer merkte. Er gab ihm von seinem Tabak, seiner Schokolade, von allem, was er besaß. Er erzählte von seinem Leben, und nachdem er so lange geschwiegen hatte, strömten ihm die Erinnerungen zu. Nichts Großes und nichts Besonderes, aber es war alles in die Güte seines reinen Herzens getaucht, und dort gewann er das Tröstende und Bezaubernde einer vergangenen Welt. Jeden Abend um die Dämmerung, wenn Johannes auf dem niedrigen Holzstoß vor seiner Baracke saß, die geschwollenen Füße im kalten Wasser kühlend, kam er langsam den Gang von seiner Baracke herauf, die Pfeife im Mund, die Füße in Hausschuhen, mit seinem stillen Gang und seinem stillen Blick, und immer war es Johannes, als gehe dann über einer kalten, zerstörten Landschaft der Mond mit seinem tröstenden Schein auf, der gar nicht zu sprechen brauche und zu dem man nichts zu sagen brauche, aber der nun da sei als ein Zeichen, daß der Himmel sich immer noch über der Erde wölbe, ein Sinnbild fester, unveränderlicher und unverlierbarer Gewißheit.

Durch ihn verloren auch die Wochen in diesem Siechenheim für Johannes einen Teil ihrer Last. Der Last der Zeit und der Last des Raumes. Denn ein Siechenheim war es in der Tat. Nicht nur wegen der Stöcke, auf die die Insassen sich stützten, nicht nur wegen der schweren Korsetts aus Leder und Eisen, in die so viele Körper gezwängt waren, sondern auch im Geistigen entbehrte der Raum nicht jener Sichenheim- und »Kammacher«luft, in der Neid, Eifersucht, Selbstgerechtigkeit und die Öde des leeren Herzens auf Menschen, Gesichter, Meinungen und Dinge wie ein leiser Mehlstaub sich legten.

Am unvergeßlichsten in dieser Hinsicht ist Johannes der ehemalige Chefredakteur einer kleinen sozialdemokratischen Zeitung geblieben, ein Mann mit grauem Haar, der schon drei Jahre im Lager war und der, nachdem Vater Kilb bei einer Palastrevolution seinen Posten aufgegeben hatte, an Johannes' Tisch den Vorsitz führte. Wenn die Enge und Dogmatik eines politischen Systems einen ganzen Menschen bis in seine kleinsten Äußerungen erfassen, ausdörren und aushöhlen konnte, so war es hier geschehen. Die gestaltende oder mißgestaltende Kraft, die im Typus eines kleinen Parteisekretärs herrschend sein mochte, hatte sich hier bis in den Tonfall der Sprache, in das Gebärdenspiel der Hände, ja, bis in die Grundsätze des Strumpfstopfens hinein als mächtig erwiesen. Die Lehre von der Struktur der Gesellschaft, so oft in jenen Kreisen als alleinseligmachend aufgenommen, war hier auf das Rudiment der Lehre von der Struktur des Strumpfes zusammengeschrumpft, ein ewig abgewandeltes Programm des Meisters und eine Qual seiner Schüler, die über jeden nicht richtig gezogenen Faden ein System von Richtlinien über sich ergehen lassen mußten. Auch war er derjenige, der mit einem schweren Ernst in Ton und Miene erklärte, das wisse er nun jedenfalls genau: Wenn er wieder einmal heimkehre, so habe seine Frau das letzte Paar Strümpfe gestopft, und niemals mehr werde er dieses so viel männliche Überlegung erfordernde Amt aus seinen geübten Händen geben.

So stand er also auf seiner in der Knechtschaft erworbenen Fertigkeit wie jener gerechte Kammacher auf dem Fliesenstein, unter dem er sein Erspartes verborgen hatte, und wie jenem blieb ihm ein schmähliches Ende seiner Tugend nicht erspart. Seine Quälerei bei einem seiner nervenkranken Zöglinge ließ diesen endlich alle Beherrschung verlieren, so daß er ihm laut weinend das Handwerkszeug vor die Meisterhände warf. Das brachte den Krug zum Überlaufen. Unter Beifallsrufen wurde er seines Postens enthoben und in die Schar gewöhnlicher Stopfer zurückversetzt, wo er nicht müde wurde, seiner Umgebung zu erklären, daß er ja nichts als die »richtige Methode« habe beibringen wollen.

Johannes aber betrachtete lächelnd dieses Beispiel der Größe und des Unterganges, das über die deutsche »Erztugend« beim Strümpfestopfen so gestolpert war, wie zu früheren

Zeiten die Methodiker der Religion, der Philosophie, der Pädagogik oder der Ernährungswissenschaft gestolpert waren. Graue Schematiker des Lebens, die selbst hier, hinter den Mauern des Stacheldrahtes, die Hand einer wägenden Gerechtigkeit erreichte.

Lief also auf diese Weise das Leben anscheinend in ruhigen Bahnen, so war es doch weit davon entfernt, in eine gelassene Heiterkeit zu münden. Zwar brauste der Strom des Lagerlebens, soweit er gefährlich war – und wo war er nicht gefährlich? –, in einem anscheinend sicheren Abstand vorüber, aber Johannes brauchte nur in der Mittagspause in den Gang vor seiner Baracke zu treten, von wo er den Appellplatz übersehen konnte, und er erblickte an der weißen Mauer des turmgekrönten Quergebäudes, der »Klagemauer«, wie er sie benannte, die Reihe der dort zur »Strafe« Aufgestellten. Sie standen dort von fünf Uhr in der Frühe bis fünf Uhr am Abend, bewegungslos wie Pfähle oder leise schwankend wie Betrunkene, und nur hin und wieder hatte ein bis zur Fühllosigkeit Erschöpfter die Stirn an die weiße Wand gelehnt. Da sie nicht austreten durften, standen sie dort in ihrem eigenen Unrat, einer erbarmungslosen Sonne preisgegeben, die den halben Tag von der weißen Mauer zurückstrahlte, manche in der Gebärde des »Sachsengrußes«, wie der bittere Humor des Lagers die im Nacken gefalteten Hände nannte. Eine Marter, die den mittelalterlichen Martern in nichts nachstand und die nur gelegentlich unterbrochen wurde, wenn einer der vorübergehenden Uniformträger sie mit dem Kopf gegen die Wand stieß oder sie ins Gesicht schlug.

Oder aber Johannes saß mit Vater Kilb an dem anderen Flügel der Baracke. Sie tranken ihren Becher Kaffee, aßen ihr Brot und blickten auf das in der Ferne sonnenglänzende

Land. Sie sahen, wie das Antlitz der Felder sich veränderte, wie die zusammengesetzten Garben auf den Stoppeln standen und schließlich die Leere des Herbstes sich anzukünden begann. Die Wipfel der Buchen, des Grundwassers beraubt, färbten sich früh, durch die Lagerstraßen trieb der Wind schon welkes Laub, und hinter Tagen und Wochen tauchte schon das Gespenst auf, vor dem auch die ältesten Gefangenen nur mit Schauder sprachen: das Gespenst des Winters.

Johannes wußte, daß er ihn nicht überstehen würde. Die drei Stunden des täglichen Appells würden genügen, sein Dasein zu beenden. Schon jetzt, wenn Sturm und Regen auf sie niederbrachen, stand er da, bis ins Mark durchfroren, ohne Mantel, ohne Unterwäsche, nur mit den Resten zweier alter Strümpfe über den Handgelenken, seinem Halstuch unter dem Rock um den bloßen Körper gewickelt und einer alten Zeitung auf der Haut des Rückens. Fieber schüttelten ihn alle acht Tage, und auch einer ruhrähnlichen Seuche entging er nicht, die das Lager verheerte. Er benutzte die Heilmittel, die in langen Leiden hier erprobt waren und die den entscheidenden Vorzug hatten, daß man sie erhielt: Kohle von den Holzfeuern und Eichenblätter und Rinde von dem jungen Ausschlag des Waldes.

Er empfing nun regelmäßig Geld von den Seinigen – sie durften bis zu dreißig Mark im Monat verbrauchen –, doch gab es keine Pakete, und es war nicht einmal möglich, von seiner Unterwäsche, die in der nächsten Baracke aufbewahrt lag, das geringste Stück zu erhalten. Er versuchte, für seinen Körper zu tun, was möglich war, indem er Schmalz und Schokolade kaufte, doch blieb seine Gesundheit schwankend, und ein schweres Rheuma, als eine Folge der ersten Wochen, begann sich in zunehmendem Maße bei ihm auszu-

bilden. Seine Wunden heilten langsam aus, aber die Finger-
gelenke blieben schwer beweglich. Es war zu derselben Zeit,
als man seiner Frau bei einer maßgebenden Stelle in der
Reichshauptstadt die Versicherung gab, daß er »alle ärzt-
liche Aufsicht und Pflege genieße, die er sich nur wünschen
könne«.

Auch wußte er selbst am besten, daß die Krankheit der Seele
ihn mehr zerstörte als die des Körpers. Täglich erinnerte er
sich an Josefs Worte, daß er »wie ein Stein« hindurchgehen
müsse, aber es war ihm nicht gegeben, sein ganzes bisheriges Leben beiseite zu schieben und nun ein anderer Mensch
zu werden. Sein Leben wie seine Arbeit waren dem Helfen hingegeben gewesen, und schon in einem seiner frühen
Bücher hatte er von sich verlangt, daß seine Schwelle Tag
und Nacht offenstehen solle für die, die zu ihm kämen.

Hier aber konnte man nur mit einer verschlossenen Tür leben.
Nur wenn man »nichts sah und nichts hörte«, konnte man
sich bewahren, und ihm war vom Schicksal bestimmt, alles
zu sehen und alles zu hören. Es ging ihm wie in dem furchtbaren Traum in Dostojewskis »Raskolnikow«, wo das Pferd
langsam erschlagen wird und das Kind die Hände ringt. Es
begann morgens auf dem Appellplatz und endete erst in der
Dunkelheit des Schlafraumes, wenn die schweren Seufzer
der Schlafenden die Stille erfüllten. Und es endete nicht einmal hier, weil die eigenen Träume sich mit der Schwere des
Tages beluden und auf seinem Herzen lagen. Daß man im
Schlafe unglücklich sein kann, nicht nur in den Träumen,
sondern eben auch im Schlafe, das erfuhr er erst hier.

Es begann schon auf dem Appellplatz, indem ihnen schräg
gegenüber die Strafkompanie stand. Sowohl der Blockälte-
ste aus ihren eigenen Reihen wie der Blockführer aus den
Reihen der Wachmannschaften schienen für diese Kompanie

ausgesucht zu sein. Es hagelte Schläge, immer ins Gesicht, und wie der Himmel sich in der Frühe aufzuklären begann, so klärte auch das Gesicht des Blockführers sich auf, wenn er ein Opfer nach dem anderen aus den Reihen heraustreten ließ. Selten in seinem Leben hatte Johannes so viel Roheit und Niedrigkeit in menschlichen Zügen versammelt gesehen wie in denen dieses Sklavenvogtes. Er schlug in die jungen und alten Gesichter hinein wie in einen Haufen Spreu, von oben, mit flacher Hand, und was die Hand ihm zuwenig erreicht zu haben schien, holte er mit der Stiefelspitze nach.

Dann wurden die Unglücklichen aufgerufen, die an der Klagemauer zu stehen hatten, oder ein Zigeuner bestieg den Sockel des Galgens, wo er den ganzen Tag zu stehen hatte, mit dem Schild vor der Brust: »Ich habe meinem Kameraden Brot gestohlen.« Oder der Pfarrerssohn ging die Reihen entlang und suchte sich die Gesichter aus, nach denen sein Stock Lust hatte.

Am furchtbarsten aber begannen die Tage, an denen beim Frühappell ein Gefangener fehlte. Da in der Nacht ein Übersteigen des Stacheldrahtes unmöglich war, bedeutete dies, daß jemand sich innerhalb der Umzäunung verborgen hielt oder, und zwar in den meisten Fällen, daß jemand seines gequälten Lebens müde geworden war und nun an einem der Bäume hing.

Sobald die Nummer des Fehlenden festgestellt war, ertönte aus dem Munde des Pfarrerssohnes das gleichgültige, stereotype Kommando: »Stubendienst in den Wald! Den Vogel suchen!«

Die Achttausend bleiben schweigend zurück, und nur an Sonntagen fiel es der Lagerführung ein, die Wartezeit – die Wartezeit auf einen Toten – durch ein gemeinsames Lied zu

verbringen. Dieses Lied, das auswendig gelernt werden mußte, hat Johannes zu seinem Segen vergessen. Es begann mit
einer alten Mutter in einem »Hüttlein am Waldesrand«, die
im Sonnenschein vor sich hin nickt und einschläft, bis sie
durch eine vorüberziehende Schwadron geweckt wird, in
der sie, in der Erinnerung oder in Wahrheit, ihren Sohn zu
erkennen glaubt. Das Ganze also von idyllisch-sentimenta-
ler Art und noch unerträglicher gemacht durch eine lächer-
liche Melodie, die am Ende einen bestimmten Ton mit einem
besonderen Nachdruck hervorhob. Und da dieser Nachdruck zu dem Sinn der Silbe oder des Wortes meistens in
einem grotesken Mißverhältnis stand, so ergab sich ein aus
Albernheit und Plattheit zusammengesetzter Eindruck, der,
bei manchmal zehnmaliger Wiederholung aller Strophen, so
unerträglich wurde wie die immer gleiche Gebärdenfolge
eines Wahnsinnigen.

Und das Ganze als ein Vorspiel zu dem Anblick jemandes,
der seine alte Mutter nun niemals wiedersehen würde.

Weniges war Johannes so schwer wie diese langen Minuten, die sich ins Unendliche dehnten. Er sah zu den rötlichen
Morgenwolken auf, die über den Hof zogen, und seine Gedanken blieben bei der Hölderlinschen »Abendphantasie«
haften: »... am Abendhimmel blühen die Rosen auf ...«,
aber jede Faser seines Körpers wartete schmerzhaft auf die
ferne Trillerpfeife, die anzeigte, daß man den Vermißten gefunden hatte.

Fast immer brachten sie einen Toten zurück, auf einer Bahre
und von einer Decke verhüllt, und manchmal empfingen ihn
noch die albernen Klänge des Liedes. Sie setzten die Bahre
neben dem Tor nieder, und mitunter hob einer der Blockführer mit dem Stiefel die Decke auf, um sich den Toten zu
betrachten.

Manchmal aber schleppten sie einen Lebenden zurück, dem es an dem letzten Mut zum dunklen Weg gefehlt hatte. Schon von weitem hörte man die Schläge fallen und die Stimme des Berufsverbrechers Richter, eines der drei Lagerältesten.

Richter war »Berufsverbrecher«, aber er war nicht nur dieses, sondern ein verbrecherischer Mensch bis in die Wurzeln seines Lebens hinein, der das Zuhälterische seines Wesens nun von den Straßenmädchen auf die Lagerführung übertragen hatte. Sie hielt ihn aus, da sie von ihm das ihr Notwendige empfing: die Bespitzelung des ganzen Lagers und eine erbarmungslose Knüppelherrschaft über alle im inneren Lager Arbeitenden. Sie empfing für den Lohn von zehn Mark auch noch mehr von ihm: die Tätigkeit des Henkers bei der Hinrichtung des Gefangenen, der nicht lange vor Johannes' Ankunft im Lager einen der Wachtposten erschlagen hatte. Für ihn war der Galgen errichtet worden. Richter ist nach den Judenpogromen im November 1938 von seinen Gefährten erschlagen worden oder freiwillig in den Tod gegangen.

Herr und Knecht waren also einander wert.

Für Richter war nun dieses »Aufsuchen der Vögel« seine große Stunde. Während des ganzen Weges schlug er mit einem frischgeschnittenen Stock unaufhörlich auf das Opfer ein, so daß es schon blutüberströmt auf dem Appellplatz eintraf. Auch dieses hat Johannes gesehen, daß die losgelassenen Hunde an dem Gefangenen hochsprangen und sich in ihm verbissen. Und eines Sonntagmorgens brachten sie jemanden zurück, der noch lebte, aber nicht mehr gehen konnte. Sie schleiften ihn an den Füßen über den ganzen Appellplatz, indes sein nach unten liegendes Gesicht über die Wurzelenden und Steine des zertretenen Bodens eine blutige Spur zeichnete. Er blieb vor dem Tor liegen, und sie haben niemals erfahren, was aus ihm geworden ist.

War es denkbar, an einem solchen Tag die Sonne zu sehen, die Wolken, die Sterne? Und über dem allem das Antlitz eines gütigen Gottes, der dies alles als »Prüfungen« verhängte? Prüfungen einer Liebe, die einhundertunddrei Tote und das Mehrfache von Gemarterten im Monat brauchte?

Vielleicht wenn man vier oder fünf Jahre im Lager gewesen war und gesehen hatte, was sich in tausend Tagen und Nächten abspielte, vielleicht sah man dieses dann als Kleinigkeit an. So zum Beispiel, wie ein Mann in einem Baume hing, an den auf dem Rücken zusammengeschnürten Armen, und einer der Scharführer stieß mit einem Stock in seine geöffneten Zähne, um zu hören, ob er noch eine Stimme der Qual habe. Oder wie ein anderer mit einer brennenden Zigarette Löcher in das Gesicht des Aufgehängten brannte. Oder daß an einem Vormittag dreißig Gefangene in zwei Gruppen nacheinander für eine Stunde auf dieselbe Weise aufgehängt wurden und daß ihre Schmerzensschreie so waren, daß die ältesten Leute in Tränen ausbrachen. Vielleicht waren das Kleinigkeiten, wenn sie sich erinnerten, daß einer von ihnen vor Zeiten eine ganze Nacht lang so an einem Baum gehangen hatte, und am Morgen waren seine Unterarme schwarz gewesen. Sie mußten amputiert werden, und er starb daran.

An diesen Erinnerungen gemessen, war die Gegenwart leicht für sie, und es war keine Prahlerei, daß sie alle dies behaupteten. Wenn noch ein Rest von Scham im deutschen Volk verblieben war, so bewahrten sie ihn, die »asozialen und verbrecherischen Elemente«, wie es in den offiziellen Verteidigungen der Lager so schön hieß. (Der mißlungene Hochverrat ist ja immer ein »Verbrechen«, so wie der gelungene eine Ruhmestat ist.) Denn es war, als schämten sie sich, von ihrer schrecklichen Vergangenheit laut zu sprechen, weil es ja ihr eigenes Volk war, über das dabei der Stab gebrochen wurde. Auch darf man nicht der Meinung sein, daß alle »Roten« im Lager Kommunisten gewesen seien, und selbst der Kommunismus war ja nur eine Weltanschauung und hat seit seinem Bestehen im deutschen Volk nicht so viele Verbrechen begangen, wie seine Bekämpfer sie in fünf Jahren begingen.

Auch wurde Johannes nun nicht etwa in diesen Monaten zu jener Lehre der Gleichheit bekehrt. Er machte niemals ein Hehl daraus, daß er es für ein Unglück halten würde, wenn einmal, nach einem Wechsel der Macht, nichts anderes vor sich ginge als ein Wechsel der Richtung um einhundertachtzig Grade. In der Ausrottung des Feindes und in der Vergeltung nach dem Gesetz »Auge um Auge, Zahn um Zahn« konnte er keinen Fortschritt erblicken. Alle Ideologie hielt er für ein Unglück, und Hoffnung, wenn er sie noch hatte, konnte er nur in der »Erziehung des Menschengeschlechts« sehen. Wer ihm im Lager geholfen hatte, hatte dies nicht als Kommunist getan, sondern als Mensch, der sich das Gefühl für Recht und Würde bewahrt hatte, im Gegensatz zu denen, die es schändeten. Und was die Gefährten am Abend zu ihm kommen ließ, war nicht die Meinung, er sei einer »von ihnen« im politischen Sinne, sondern der Glaube, daß er im menschlichen Sinne einer »wie sie« war. Sie alle wußten, daß die anständigen Menschen im Lager innerhalb des Zaunes lebten und nicht auf der anderen Seite.

In dieser täglichen Abendstunde zwischen den Baracken hat Johannes so viel erfahren, daß er meinte, es bliebe ihm zu erfahren nun nicht mehr viel übrig. Sie saßen um ihn herum, die in Wahrheit »alten Kämpfer«, die durch viele Lager gegangen waren, ehe sie dieses aufgebaut hatten. »Mein lieber Mann …«, sagte der junge Pfälzer aus Vater Kilbs Baracke, der für Heidenfeld die Listen führte und mit so rührender Treue für Johannes sorgte, »mein lieber Mann …« Und dann sahen sie in die ersten Sterne, die über den Buchenwipfeln aufzogen, und »erinnerten« sich. Sie brauchten nichts zu erfinden. Sie brauchten nur das Buch ihrer Leiden aufzuschlagen, und wo sie es aufschlugen, da blickten die Gesichter des Grauens sie an. Diese »unblutige« Revolution, mit wieviel Blut hatte sie schon begonnen! Mit wieviel Lüge, mit wieviel Verderbtheit!

Da gab es Zeugen aus den Kellern des berüchtigten Columbiahauses in der Reichshauptstadt, in denen auch Johannes vor seiner Entlassung noch vier Tage zubringen sollte. Damals, zu Beginn der »Machtübernahme«, waren an jedem Abend die SS-Leute in die Zellen gekommen, um die Gefangenen »reif« zu machen, wie sie das nannten. Mit Gummiknütteln und Totschlägern war man über sie hergefallen, und in den Massenzellen waren die an der hintersten Wand Zusammengedrängten ihrem Schicksal nur dadurch entgangen, daß die Totschläger schon auf der Hälfte ihres Weges aufhören mußten, weil sie körperlich nicht mehr im Stande waren, weiterzuschlagen.

Welche Scham für das Menschengeschlecht, zu meinen, daß mit körperlicher Züchtigung Weltanschauungen zu rächen oder auszutreiben wären! Welch ein vernichtender Maßstab auch für die Kultur so mancher Völker der Gegenwart! Und waren nicht hundertfünfzig Jahre vergangen, seit Mozart die Arie reiner Menschlichkeit in der »Zauberflöte« geschrieben hatte?

Und dann waren sie in die Lager gekommen, sofort oder auf dem Weg über die Zuchthäuser. »Mein lieber Mann …«, sagte der kleine Pfälzer und blickte dem Rauch seiner Zigarette nach.

Ja, einmal hatten sie es gut getroffen. Ehre dem Kommandanten, dem sie es verdankten! Er hatte selbst jahrelang im Zuchthaus gesessen, und es gibt wohl eine Gemeinde der Leidenden auch über »Weltanschauungen« hinaus. Sie brauchten nicht viel zu arbeiten, und er entließ auf der Stelle jeden Posten, der sie auch nur mit der Hand berührte.

Aber dann waren sie in die Moore der Ems gekommen, und die meisten wurden still, wenn die Rede darauf kam. Und dann hatten sie dieses Lager gebaut. Aus dem Nichts, mit ein paar Werkzeugen und ihren Händen. Was es bedeutet, ein Lager aufzubauen, mag man daran messen, daß Josef erzählte, er sei manchen Abend nicht in sein Bett gestiegen, sondern auf Händen und Füßen hineingekrochen. Josef mit den Riesenschultern, der einmal in einem Schacht eine locker gewordene Förderschale im Gewicht von sieben Zentnern auf diesen Schultern getragen hatte.

Zuerst hatten sie die Zufahrtsstraße gebaut. Sie waren so wenige, daß fast hinter jedem von ihnen ein Posten stand, mit entsichertem Karabiner. Manchmal hatte einer seine Mütze fallen lassen und einem der Gefangenen befohlen, sie aufzuheben. Und wenn er herankam, näher als sechs Meter, hatten sie ihn über den Haufen geschossen.

Wenn ein neuer Transport kam, gingen die Wachtmannschaften in der Nacht durch die Notbaracken, auf deren bloßem Fußende die Erschöpften lagen, und schossen in sie hinein.

Der Schlamm des Appellplatzes reichte ihnen damals, wenn der Schnee taute, bis an die Knie, und abends, wenn sie von der Arbeit kamen und der Lagerführer war schlecht gelaunt, so ließ er sie sich eine Stunde in den Schlamm legen, ohne Mantel.

»Mein lieber Mann ...«, sagte der kleine Pfälzer nachdenklich.

Ja, und einmal waren zwei der Gefangenen entflohen, und sie standen von nachmittags fünf Uhr bis zum nächsten Mittag um zwölf Uhr unter dem Kommando »Stillgestanden!« auf dem Appellplatz. Und einmal hatte man drei von ihnen, unter dem Vorwande, es sei ein Waldbrand ausgebrochen, während des Appells an das Tor treten lassen, zu »Löscharbeiten«. Einer von ihnen war ein bekannter Jugendführer in der kommunistischen Partei gewesen. Sie standen am Tor, ihres Schicksals gewiß, aber zum Überfluß hatte einer der Scharführer mit den Fingern eine knipsende, abschließende Bewegung gemacht und gesagt: »Tja, ja, mein Lieber ...«

Drei Posten hatten sie hinausgeführt, und zwanzig Meter hinter dem Tor hatten sie die Schüsse gehört. Damals wurden alle Toten in offenen Särgen an den zum Appell Angetretenen entlanggetragen. Bei diesen konnten sie die Ausschüsse sehen, unterhalb des Herzens, und es waren faustgroße Löcher, wie kein Infanteriegeschoß sie hinterläßt, wenn es nicht besonders zubereitet ist.

Damals gab es auch noch Eisen zum Krummschließen der Gefangenen. Sie lagen dann den ganzen Tag auf den Lagerstraßen, und als einmal unvermutet eine Kommission zur Besichtigung kam, mußte sie aufgehalten werden, bis der Blockführer, sich überstürzend, alle Eisen aufgeschlossen und beiseite geschafft hatte.

Aber dann war im Mai der Mord an dem Wachtposten begangen worden. Es gab eine Entlassungssperre für alle Lager, Rauchverbot und alle die vielen Maßnahmen, mit denen man sich an den Unschuldigen rächen konnte. Einer der Täter wurde bald ergriffen und am Nachmittag vor

Pfingsten ins Lager gebracht. Er war schon abgeurteilt und solange in den Händen der Polizei geblieben, damit man ihn nicht zu Tode martere. Er war so fest geschlossen, daß seine Hände schwarz waren. Das ganze Lager war angetreten, als er gehängt wurde. Es dauerte vier Minuten, bis seine Glieder still waren. Viele der Gefangenen wurden ohnmächtig. Er hing bis zum Abend des ersten Pfingsttages am Galgen.

»Ja, mein lieber Mann ...«, sagte der kleine Pfälzer noch einmal.

Und doch hatte man sie nicht gebrochen, nicht an ihrer Seele und nicht an ihrem Körper. Man hatte nur erreicht, daß sie alles unterschreiben würden, was man ihnen vorlegte, aber ihre Weltanschauung war nicht nur geblieben, sondern gestärkt worden, und es gab kaum einen unter ihnen, der nicht an den Sieg ihrer Sache geglaubt hätte.

Es war Johannes immer wie ein Wunder, daß sie dies alles überstanden hatten, ja, daß am Abend, wenn ihr Tagewerk beendet war, sie so fröhlich sein konnten, als breche der Tag der Freiheit am nächsten Morgen an. Es gab eine ganze Kapelle in ihrer Baracke, Geigen, Mandolinen und Gitarren. Dann saßen sie auf den Brettern und Holzstößen, sauber gewaschen, wenn es Wasser gab, die Zigarette im Mundwinkel, die Bögen strichen auf und ab, die verarbeiteten Finger zupften an den Saiten, und die reinen Klänge hoben sich mit einer fremdartigen Schönheit über die grauen Dächer empor.

»Wenn wir fahren, wenn wir fahren ...«, sangen sie, und zum Abschluß das Lied, das Johannes immer von neuem ergriff, wenn er an seine doppelte Bedeutung dachte: »Uns geht die Sonne nicht unter.« Nein, sie ging euch nicht unter. Nicht nur, wenn ihr die Hacken und Schaufeln noch hobet, nachdem sie längst hinter dem Horizont versunken war, sondern auch in eurem Herzen ging sie nicht unter, die Sonne der Hoffnung, des Frohsinns, der Freiheit. Ihr, die ihr stärker wart als euer Schicksal, Verbrecher mit so reinen Herzen und Kameraden mit so gütigen Händen.

Wie vergingen ihm die Tage? Wie sie allen Gefangenen vergehen, aber so, daß selbst das Gleichmaß jeder Stunde noch gefärbt sein konnte durch Trauer oder Hoffnung, durch Schmerzen oder Heiterkeit. Wenn das Licht im Schlafraum aufflammte – in den letzten Wochen standen noch die Sterne am Himmel, oder die Nebel lagen wie weiße Mauern zwischen den Baracken –, stand er schnell auf, kleidete sich notdürftig an, holte sich aus dem Waschraum eine Schüssel und seinen Becher mit Wasser und ging hinaus, wo er sich im Freien wusch. Josef, der Gute, machte sein Bett, weil seine Hände fast bis zum letzten Tag verbunden blieben und weil die Decken, das Kissen und der Strohsack wie mit Linealen aufgebaut werden mußten, wenn man nicht in der Mittagspause den Strohsack zwischen den Baracken finden oder am Abend »über den Bock gehen« wollte.
Dann holte er seinen Becher mit Suppe, Kaffee oder einem unbeschreiblichen Kräutertee, aß draußen auf seinem Holzplatz sein Brot und hatte dann noch Zeit zu einer oder zwei Zigaretten. Um halb fünf traten sie an, und er wechselte ein paar Worte mit seinen Nebenmännern, einem Fremdenlegionär aus Afrika und einem aus Tongking, der ihm besonders lieb war. Oder mit dem Blinden, der mit seinen erloschenen Augen still und heiter vor sich hin sah, oder mit Rothermund, der vom ersten Tag an derselbe Kamerad geblieben war, hilfsbereit, treu und immer gewillt, das Letzte mit ihm zu teilen. Sie marschierten auf den Platz und standen da, bis alle

Arbeitskommandos abmarschiert waren. Sie marschierten als letzte an der Lagerführung vorbei, »Mützen ab!«, die Hände an der Hosennaht. Dann betraten sie ihr Siechenheim und widmeten sich den Strümpfen.

In der halbstündigen Mittagspause hatten sie wieder Kaffee und Brot. Von halb fünf bis halb sechs standen sie von neuem auf dem Appellplatz, wenn alles gutging und nichts vorgefallen war. Dann schleppten sie gerodete Baumstümpfe zu einem Stapelplatz im Walde, und dann konnten sie die Mittagssuppe essen, wenn sie fertig war. War sie nicht fertig, so aßen sie sie um acht Uhr abends. Von sechs bis acht stopften sie wieder Strümpfe, und an einem Abend der Woche, oft noch um neun Uhr, wenn der Lastwagen mit der gewaschenen Wäsche kam, trugen sie die Säcke und Ballen in die Wäschekammer.

Das war Johannes' Tagesablauf. Der Sonntag richtete sich nach der Laune der Lagerführung. Manchmal schloß die Arbeit um zwei, manchmal um vier, manchmal um sechs Uhr. Gottesdienste, wie in den Zuchthäusern, gab es in dieser aufgeklärten Welt nicht. Nur einmal begann während des Appells der evangelische Pfarrer, den man zu den Wahnsinnigen gesperrt hatte, durch die Gitterfenster seines Bunkers laut über den Platz zu predigen, woran man ihn sehr schnell handgreiflich verhinderte.

Was Johannes am schwersten fiel, war die Gewöhnung an die Zusammenpressung menschlicher Körper im Tages- und Schlafraum. Beide Räume waren zu klein, und sein Leben war zu sehr in der Stille und Abgeschiedenheit verlaufen, als daß er nun ohne Beschwer als Teil einer immer gegenwärtigen Menge hätte leben können. Am meisten quälten ihn Gerüche, doch überwand er alles mit der Überlegung, daß gerade aus der Menge ihm eine stützende Kraft zuteil wurde und daß sie in vielen Dingen ihm ein rührendes Zartgefühl bewies.

Ein paar Wochen vor seiner Entlassung gewann er eine letzte, ihn aufs tiefste beglückende Freundschaft mit dem Verwalter der Lagerbücherei. Dieser, Walter Husemann aus Berlin, hatte mit seiner jungen Frau seit seiner Jugend für die Kommunistische Partei gearbeitet und geschrieben. Nach der »Machtübernahme« hatten sie sich noch zwei Jahre verbergen können, hatten buchstäblich vor dem Hungertode gestanden und trotzdem ihre Arbeit fortgesetzt. Dann war der Schlupfwinkel seines Vaters verraten worden, und alle drei waren in Lager gebracht worden. Seine Frau war zuerst freigelassen worden, er selbst mit seinem Vater wurde vier Wochen nach Johannes entlassen.

Er war ein junger Mensch mit wunderschönen braunen Augen, klug, belesen und von einer wahren inneren Bildung, die nicht nur seine Handlungen, seine Gespräche, sondern auch jede Bewegung seiner Hände erhellte. Auch er war nicht frei von Dogmatik und dem Glauben, daß in der »Gesellschaftsordnung« die Wurzel alles menschlichen Übels liege. Verschlossen sich doch die meisten der Erkenntnis, daß die abendländische Kultur ihren Höhepunkt längst überschritten hatte und daß, was sie als Folgen von Klassengegensätzen ansahen, nur allgemeine Erscheinungen einer raffinierten Zivilisation waren, Zeichen einer verwesenden Kultur, zu denen die Blüte der Technik ebenso gehörte wie der rührende Glaube, daß der Mensch bald einmal der Herr der segenspendenden Maschine sein werde.

Aber was wollte es hier im Lager sagen, daß der eine dieses und der andere etwas anderes glaubte? Die Sehnsucht des Menschen im Lager ging nach den Menschen, und beider gemeinsame Sehnsucht ging nach der Freiheit. Und vielleicht nicht einmal so sehr nach der Befreiung von Fesseln als nach der Wiederherstellung der Menschenwürde, gleichviel, in welchem Glauben sie nun münden sollte.

Hier aber war ein Mensch, der vieles gelitten hatte und den das Leid gereinigt und gereift hatte. In seinem kleinen Bibliotheksraum konnte Johannes wieder einmal die Augen zu Büchern aufheben und meinen, seine alte Welt blicke wieder auf ihn herab. Hier war er nicht mehr eine Maske mit einer Nummer auf der Brust, sondern ein Wesen aus einer geistigen Welt und ein Mensch des inneren Wertes. Dort war noch ein Landsmann von ihm, der als Buchbinder arbeitete, der seine Bücher liebte, und beide, Husemann wie er, haben ihm so manches Mal zwischen ihren engen Wänden ein stilles Reich der Abgeschiedenheit aufgeschlossen, des Friedens, des Wiederzuhauseseins, und sie haben ihm damit mehr gegeben, als irgendein Mensch oder ein Winkel des Lagers ihm hätte geben können. Johannes hat in den folgenden Jahren die Reichshauptstadt niemals aufgesucht, ohne daß er ein paar Stunden in dem stillen Heim seines Freundes zugebracht hätte. Im Mai 1943 hat Walter Husemann den Tod auf dem Schafott erlitten, stolz, furchtlos und des Sieges gewiß.

Auch begann in dieser Zeit die Wende seines Schicksals sich anzuzeigen. Wieviel die unermüdliche und unerschrockene Arbeit der Seinigen und der wenigen Freunde – kein Name aus dieser Zeit wird ihnen jemals heller leuchten als der Wilhelm Hugs, des Landesforstmeisters von Baden, keiner kümmerlicher als die Namen aller Dichterfreunde, die nicht einmal wagten, ein Wort des Trostes an seine Frau zu schreiben – für ihn schon erreicht hatte, wußte er nicht. Aber im Lager trafen nun zwei Umstände zusammen, die ihn für die Lagerführung wahrscheinlich aus der Menge heraushoben und ihn, wenn auch in bescheidenen Grenzen, wieder zum Rang eines Menschen erhoben. Das eine war, daß er die Erlaubnis erhielt, alle seine im Druck erschienenen Bücher für die Lagerbücherei kommen zu lassen, eine Tatsache, die in seinen Augen einer grotesken Komik nicht entbehrte, da ja diese seine Bücher kein ganz geringer, obwohl verschwiegener Grund zu seiner Verhaftung gewesen waren. Da er sie alle in doppelter Stückzahl hatte kommen lassen, so bildete das Erscheinen der umfangreichen Pakete auf der Kammer eine Sensation, die von dort aus ihre Kreise zog wie ein Stein im Wasser. Jenseits des Stacheldrahtzaunes konnte man sich wahrscheinlich gar nicht vorstellen, daß ein Mensch, der eine Nummer trug, ja überhaupt ein menschliches Wesen, so viele Bücher geschrieben haben konnte, und mehr als einmal wurde er von diesem und jenem Scharführer gefragt, ob er sie wirklich »ganz allein« geschrieben habe. Was er dann ja mit gutem Gewissen bejahen konnte.

Mochte dieses nun also noch als ein gutes Zeichen für die Ehrfurcht einer analphabetischen »Herrenschicht« vor dem Wesen des Geistes angesehen werden können, so konnte er die zweite Sprosse auf der Leiter seines Aufstiegs nur mit einer spöttischen Bitterkeit betrachten. Es war nämlich die größere Geldsumme, die die Seinigen bei seinem Abtransport nach dem Lager Sachsenhausen überwiesen hatten, nun endlich hier im Totenwald eingetroffen, und ihre Höhe, obwohl es sich nur um ein paar hundert Mark handelte, war vielleicht von noch größerer Wirkung als die Ankunft der Summe seines Geistes, die in den Bücherpaketen beschlossen war. Johannes erfuhr erst durch Husemann von der erschreckenden Korruption, die in der Lagerverwaltung herrschte – worin sie ja nur ein getreues Abbild ihres Staates war –, und da in dem Wesen jeder Korruption der Götzendienst am Geld eingeschlossen ist, so verwunderte es ihn dann nicht mehr, daß auch diese Geldanweisung in sein Schicksal eingreifen sollte.

Der erste Lagerälteste – er soll später freiwillig aus dem Leben gegangen sein – fragte ihn, ob er von dieser Summe einen größeren Betrag für die politischen Gefangenen abgeben wolle, was Johannes ohne Zögern tat. Am nächsten Tag wurde er von dem Pfarrerssohn beim Appell vorgerufen, nach seinem Beruf gefragt und ob er einverstanden sei, daß die Summe dazu verwendet werde, um Zigaretten für die fleißigsten Arbeiter und für alle diejenigen aus seinem Block zu kaufen, die keine Unterstützung von den Ihrigen erhielten. Auch schloß sich eine fast leutselige Frage daran, was mit seinen verbundenen Händen sei.

Kaum auf seinen Platz zurückgekehrt, wurde er von neuem vorgerufen, und es fand nun die denkwürdige Unterredung mit dem Lagerführer statt: ob es ihm Freude mache, in dieser Gesellschaft von Schweinehunden zu leben? Ob er in den Wochen seines Hierseins schon etwas gelernt habe und ob er nicht vorziehen würde, wieder in anständiger Gesellschaft zu leben?

Auf alle diese und noch andere Fragen antwortete Johannes so, wie die primitivste Klugheit es ihm befahl, und von da an weissagte man ihm, daß seines Bleibens im Lager nicht mehr lange sein würde. Er selbst hütete sich vor jeder zu frühen Hoffnung, und selbst die Zusicherung, die man ihm bei seinem Abtransport gegeben hatte, daß er bei tadelfreier Führung mit einer Entlassung nach drei Monaten rechnen könne, verlor hier jeden Wert, da sie auch denen gegeben worden war, die nun schon drei Jahre hinter dem Stacheldraht saßen. Was die Geheime Staatspolizei versprach, war von dem gleichen Wert wie das, was die Träume der Nacht versprachen.

Zudem waren die ganzen Wochen von einer Unsumme von Gerüchten erfüllt. Die Entlassungssperre war zwar im August abgelaufen, doch war es viel, wenn in der Woche ein oder zwei politische Gefangene entlassen wurden. Dafür häufte sich die Zahl der Neuankommenden, und es ging das Gerücht, ein Teil der Gefangenen sollte abtransportiert werden, um in Schlesien ein neues Lager aufzubauen. Auch war die Nachricht aus englischen Zeitungen bis ins Lager gedrungen, daß der Totenwald in einigen Wochen aufgelöst werden sollte.

Kaum eines dieser Gerüchte bot Anlaß zu einer besonderen Freude. Die Skepsis der Langgeprüften war so groß und hatte sich so oft als berechtigt erwiesen, daß jeder Wechsel ihnen nur als bedenklich, wenn nicht verhängnisvoll erschien. Für Johannes aber waren beide Möglichkeiten gleich bedrückend. Ob nun seine Freunde ihn verließen und er zurückblieb oder ob er mit bei denen war, die ein neues Lager aufbauen sollten. So versuchte er, sich von Hoffnungen wie von Verzagtheit freizuhalten und im unverändert ablaufenden Tagewerk das vom Schicksal Gebotene zu erblicken. Er wußte, daß es nur darauf ankam, bereit zu sein. Siege wie Niederlagen würden ihren tiefsten Ursprung zunächst in seiner Seele haben.

Er sah weiter dem Leben wie dem Tode zu. Jeden Tag blieb er einen Augenblick stehen, wenn der Elendszug der Juden an ihm vorüberkam, die mit Eimern die offenen Latrinen ausschöpften. Er blickte in die verfallenen, erloschenen Gesichter, und er fragte sich, woher diese nun die Kraft zu jedem neuen Tag nehmen mochten. Wohl mochte in aller Jugend so viel Spannkraft liegen, daß sie auch in diesem den Faden der Hoffnung nicht verlor, aber wovon lebten die Alten, die Weißhaarigen, die Gebeugten und dem Grab sich Zuneigenden? Lebten sie von ihrem Glauben, der Verheißung, die an die Erzväter gegeben worden war? Oder lebten sie nur von dem Unzerstörbaren aller Kreaturen, das erst mit dem Tod endet?

Johannes wußte es nicht. Er wußte nur, daß er dieses niemals vergessen würde. Diesen Zug der Schatten, die aus der Nacht aufstanden, um wieder in sie zurückzusinken. Verfluchte, deren Werk sich mit jeder Sonne erneuerte und denen niemals etwas anderes gegeben sein würde als ebendieses Werk des Ekels, des Schmutzes und der Schande. Morgen, übermorgen, in einem Jahr. Bis die »Sense des Saturn« zerbrach. Ihre Augen sahen nicht mehr, ihre Ohren hörten nicht mehr. Sie gingen vor sich hin wie blinde Pferde im Bergwerk, und niemand konnte erraten, ob hier und da eine Erinnerung in ihnen aufblitzte an ein vergangenes Leben, ja, an das Leben überhaupt, so jäh verlöschend wie das Licht auf der Schwinge eines Vogels, der sich über das blaue Wasser wirft.

Johannes sah alles, und er vergaß nichts, wiewohl er selbst nun unter dem sicheren Dach des Siechenheimes lebte. Er vergaß den Tod des alten schlesischen Freiherrn nicht, den das Asthma so quälte, daß er nach jedem zweiten Schritt an seinem Stock stehenbleiben mußte. Es wurde erzählt, daß sein Bruder, ein kommandierender General, in das Lager gekommen sei, um nach den Umständen seines Todes zu fragen. Er mochte viel fragen. In fünf Jahren lernt auch der ungewandteste Mörder die Spuren seiner Taten verwischen. Der Mund der Gefangenen war versiegelt, und ein Arzt, der mit Steinen nach seinen Kranken warf, würde wohl auch eine Erklärung für den Tod jemandes finden, den man zu Tode getroffen hatte. Johannes vergaß auch das Bild derjenigen nicht, die unter den gefällten Buchenstämmen quer durch das Lager keuchten. Manche der Stämme maßen fast einen Meter im Durchmesser, und das Holz war grün und schwer wie Eisen. Sie schoben schwere Knüppel unter den Stamm und legten sie auf ihre wunden Schultern. Neben ihnen gingen Vorarbeiter und Posten mit Stöcken. Sein Leben lang wird Johannes einen Buchenwald nur mit Grauen anblicken können.

Das letzte kam dann ohne Vorbereitung. Kein Traum und keine Ahnung kündigten ihm an, daß die Würfel schon gefallen waren. Eher hätte er Böses erwartet, denn am Abend vorher kam das Fieber wieder. Der Vorarbeiter der Effektenkammer, der ihm immer freundlich gesinnt war, steckte ihm zwei Aspirintabletten zu, und Jule gab ihm eine dritte Decke. Aus dem Schüttelfrost fiel er in einen tiefen, schweren Schlaf. Er erwachte müde, aber nicht trauriger oder fröhlicher als sonst. Ein kalter Wind wehte beim Appell, und er dachte mit Sorgen an den Winter.

Beim Abendappell ging dann der Scharführer, der die Effektenkammer unter sich hatte, langsam an Johannes' Block vorbei und rief ihn vor. Sie gingen so weit auf den Hof, daß niemand sie hören konnte, und dann wurde Johannes gefragt, ob er wisse, daß er zur Geheimen Staatspolizei nach der Reichshauptstadt komme.

Nein, wie sollte Johannes das wissen? Ja, und es sei ihm freigestellt, ob er nach ein paar Tagen mit einem Sammeltransport oder am nächsten Tag schon auf eigene Kosten reisen wolle. Er, der Scharführer, würde ihn dann begleiten, nicht in Uniform selbstverständlich. Ob er soviel Geld dahabe? Ja, das habe er, und natürlich würde er vorziehen, schon morgen zu fahren. Gut, und alles andere würde ihm dann noch rechtzeitig gesagt werden.

Johannes war wie betäubt, als er wieder auf seinem Platz stand. Sie fragten ihn leise, und er sagte, was er wußte. Noch gab er sich keiner trügerischen Hoffnung hin. Es war möglich, daß er nur zu einer Vernehmung hingebracht wurde, auch daß er von dort in ein anderes Lager kam. Aber es war nicht sehr wahrscheinlich. Die Fahrt auf eigene Kosten konnte nur Gutes versprechen. Sie waren nicht großartig hier, wenn einer weiter hinter dem Stacheldraht bleiben sollte.

Er sah noch einmal auf die sich färbenden Baumkronen, auf den dunklen Umriß des Galgens, auf den Turm mit dem Maschinengewehr und den Scheinwerfern und auf die langen Reihen der Gefangenen, die regungslos wie Holzfiguren standen. So würde es also wahr werden, daß er dies alles morgen um diese Zeit nicht mehr sehen würde? Daß er es vielleicht niemals mehr sehen würde außer im Traume? Er sah sich nach Josef um, und Josef nickte ihm zu. Er lächelte, aber sein Gesicht war traurig. Wie sollte der nicht traurig sein, der zurückblieb?

Am Abend saßen sie beide am Ofen ihrer Baracke. Für Josef gab es keinen Zweifel, daß Johannes von dort aus entlassen würde. »Es ist gut«, sagte er. »Ich habe immer mit Sorgen an den Winter gedacht.«

Alle kamen und wünschten ihm Glück. Das Herz war ihm schwer, wenn er in ihre stillen Augen sah. Kein Abschied ist schmerzlicher als der vom Lager.

Johannes ging noch einmal bis zu der Eiche, unter der er so oft gestanden hatte. Die Sterne hingen schon am dunklen Himmel, fern und kalt wie immer. Hier floß kein Trost aus jenen fernen Welten herab. Menschenhände warfen die Lose gleichmütig, ob sie zum Leben oder zum Tode fielen.

Ihm waren sie zum Leben gefallen, aber es war ihm, als trüge er das Schicksal aller dieser Tausende mit sich fort. Nein, er war nicht »wie ein Stein« hindurchgegangen. Das Blut aller dieser Leidenden war in sein Blut hineingeflossen und hatte es schwer und dunkel gemacht mit allen ihren Qualen. Noch schwerer und dunkler, als es schon gewesen war. Er wußte, daß es niemals mehr froh werden würde, so froh, wie es manchmal in der Jugend und ab und zu auch später gewesen war. Den Krieg konnte man vergessen, nicht immer, aber doch zuweilen. Er war eine Sache zwischen Männern gewesen, die einander bekämpft hatten, nicht aus eigenem Willen oder aus Haß, sondern auf einen höheren Befehl, auf den Befehl des Idols, das sie die Gerechtigkeit nannten, oder die Nation, oder mit sonst einem klingenden, nicht sehr überzeugenden Namen. Er war häßlich gewesen, ein Rückfall in primitive Zeiten, auf das Totschlagen lebendiger Wesen gerichtet. Er war der Vater vieler Dinge, und die meisten von ihnen waren nicht schön, sobald der Glanz der Suggestionen von ihnen abgefallen war. Aber vielleicht konnte man meinen, daß er notwendig sei, solange die Völker sich denen beugten, die über die Notwendigkeit entschieden, ohne danach zu fragen, was sie dazu berechtige.

Seine Wunden vernarbten, aber was hier gewesen war, vernarbte nicht. Es würde keine Haut darüber wachsen, der Zeit, oder der Vergeßlichkeit, oder der wachsenden Gleichgültigkeit. Sie würden immer offen bleiben, und jede Falte des Tages oder der Nacht würde sie scheuern und schmerzen. Denn was hier geschehen war, war nicht zwischen Männern geschehen wie im Kriege. Es war nicht einmal zwischen Herren und Knechten geschehen, sondern eben zwischen Henkern und Opfern. Es war nicht mit dem Anstand von Kämpfenden geschehen, denn hier gab es keine Kämpfenden. Es gab nur die Rache von Emporkömmlingen und die Roheit von Schlächtern. Das Volk war wie durch ein Sieb gefallen, und die Spreu hatte die Herrschaft über den Weizen gewonnen. Gottes Wind war des Teufels Wind geworden.

Niemals war die Nacktheit der Macht schamloser verbrämt worden, niemals das »Ebenbild Gottes« tiefer geschändet worden. Die Wunden, die Johannes davontrug, waren nicht nur seine eigenen Wunden, nicht nur die der Tausende, die er hier zurückließ, ja nicht nur einmal die seines Volkes. Die ganze Menschheit war geschändet worden, und wer sagte ihm, daß dies hier nur bei seinem eigenen Volke möglich war und bei den anderen »Diktaturen«? Die Zeit hatte den Grund der Völker aufgegraben, und aus der Tiefe waren stinkende Quellen aufgebrochen. Aber man wußte nicht, wie weit sie sich unter der Erde verzweigten und was mit anderen Völkern sein würde, wenn man ihren Grund aufgrübe. Es waren trübe Brunnen, in denen Gott sich spiegelte, und man ging von dannen wie von einem aussätzigen Feld, selbst die Fußsohlen brennend von dem Gift der Krankheit.

Und dieses alles sollte man vergessen, wie man eine Krankheit vergaß? Einmal war der Schleier von den letzten Dingen fortgezogen worden, und Johannes hatte in das Entschleierte hineingesehen. »Wer Jehova siehet, stirbt«, stand in der Bibel geschrieben. Aber wenn dieses Jehovas Antlitz war, auch dieses, so war es besser, seinen Namen auszulöschen und einen einfacheren an seine Stelle zu setzen, einen Namen ohne Verheißung, ohne Glanz, ohne Liebe, einen menschlichen Namen oder den Namen eines Tieres aus der Offenbarung.

Er stand dort unter den Sternen und bedachte sein kommendes Leben. Er wußte noch nicht, daß er eine Woche später die Sterne über seinem stillen Hof leuchten sehen würde. Auch noch nicht, daß er vor seiner Entlassung eine »Audienz« beim Propagandaminister haben würde, der ihm erklären sollte, daß sein Einfluß auf so viele Menschen unerwünscht sei und daß er bei dem geringsten Anlaß wieder ins Lager kommen werde, aber dann »auf Lebenszeit und mit dem Ziel seiner physischen Vernichtung«. Er wußte es noch nicht, und vielleicht würde es ihm in diesem Augenblick nicht einmal als das Wichtigste erschienen sein. Niemals war ihm wie in dieser Stunde so die Erkenntnis aufgegangen, daß er nur ein Teil sei, ein Teil aller Leidenden, die unter diesen dunklen Dächern eben ihren Schlaf begannen. Ein Teil aller Leidenden auf dieser dunklen Erde, vom Schicksal hinabgeführt bis an den tödlichen Quell ihrer Qualen, daß er in ihnen die Füße netze, um dann fortzugehen und den alten Kampf wiederaufzunehmen, den Kampf gegen die Lüge, die Gewalt, das Unrecht, die Finsternis. Gestählt und geläutert nun, unverwundbar gemacht durch das Drachenblut, aufgerufen bei seinem Namen. Vielleicht war schon zuviel Sicherheit in seinem Leben gewesen, zuviel Ruhm, zuviel Leben im Schmerzlosen außer in dem der Phantasie. Und da das Schicksal mehr mit ihm gewollt hatte, so hatte es ihn hierher geworfen, in den großen Tiegel der Qualen, und er würde nun zu zeigen haben, ob es ihm zum Segen geworden sei. Er wollte nichts missen davon. Er würde sich schon wieder aufrichten. Er würde nichts vergessen, aber er würde nun zusehen müssen, daß aus dem Unvergeßlichen mehr wüchse als nur die bittere Frucht des Hasses.

Am nächsten Morgen wurde er vorgerufen und stand zum letzten Mal zwei Stunden in dem schneidenden Wind des Sonnenaufgangs. Dann wurde ihm gesagt, daß er sich bereit halten solle, um die Mittagszeit aufzubrechen.

Er hatte nicht viel zu ordnen. Er hatte nur Abschied zu nehmen. Er saß noch eine Weile in der Bibliothek und bei Josef und ging noch einmal ins Siechenheim. Am schwersten wurde ihm ums Herz, als er die Tränen in Vater Kilbs Augen sah. »Ein merkwürdiger Mensch«, sagte jemand in seiner Baracke. »Als er ankam, war sein Gesicht wie aus Stein, und nun, wie er fortgeht, ist es ebenso.« Ja, auch dieses hatte Johannes gelernt. Es war keine Welt, in der es gut war, das Herz bis in die Augen steigen zu lassen.

Dann rief man ihn zur Kammer, und er bekam seine Kleider wieder. Der letzte Abschied. Eine Weile stand er noch am Tor, empfing sein Geld und vom Pfarrerssohn die Ermahnung, sich unterwegs »anständig zu betragen«. Dann unterschrieb er die berühmte Erklärung, und dann ging er mit dem Scharführer die Lagerstraße entlang. Überall winkte man ihm zu, verstohlen, fast nur mit den Augen. »Mit Gott! Mit Gott!« riefen die Sträflinge in Dostojewskis »Totenhaus«, aber hier konnten sie nicht »Mit Gott!« rufen. Gott hatte sie verlassen und war gestorben. »Vergiß uns nicht!« riefen sie unhörbar. »Denke an uns! Hilf uns! Vergiß uns nicht!«

Nein, er würde sie niemals vergessen.

Nachwort

Der Verfasser dieser Erinnerungen glaubt zu wissen, daß sein Name in der abendländischen Welt als der Name eines stillen und wahrhaftigen Menschen guten Willens geachtet wird. Er glaubt also, nicht genötigt zu sein, mit einem besonderen Nachdruck hervorzuheben, daß in diesem Buche nur die Wahrheit steht, »die Wahrheit, die reine Wahrheit und nichts als die Wahrheit«. Er sagt es noch einmal, und damit ist nach seiner Meinung genug getan.

Er hat diese Erinnerung nicht um des Ruhmes willen geschrieben oder um noch vergänglicherer Dinge willen. Er gehört zu den Menschen, die mit den Dingen des Lebens eine Verwandlung vornehmen müssen, um sie in sein Schicksal einordnen zu können. Nicht eine Verwandlung in eine andere Wirklichkeit, sondern in eine höhere Wahrheit, eben in die der Kunst.

Er hat auch danken wollen, und zwar vor aller Welt, und darüber hinaus hat er sich verpflichtet geglaubt, diese Seite seines Schicksals und so vieler Schicksale aufzeichnen zu müssen:

> den Toten zum Gedächtnis,
> den Lebenden zur Schande,
> den Kommenden zur Mahnung.

Geschrieben 1939

Shoah 1938

Essay von Klaus Briegleb

Der Vorschlag, den »Totenwald« unter dem Blickwinkel dieses Titels zu lesen, wird hier nicht als These aufgestellt und aus Forschungskritik und Hypothesen entwickelt, folgt also nicht den Regeln, die bei einem solchen Verfahren geboten wären. Der »Bericht« eines Dichters aus Gestapo-Haft und Internierung in Buchenwald in der Zeit vom 6. Mai bis zum 24. August 1938 ist nicht die Quelle, aus der eine Vordatierung der Shoah abgeleitet werden dürfte. Es geht im folgenden aber nicht um die Fertigung einer Ableitung, sondern um eine andere Möglichkeit der Lektüre. Dazu hat Ernst Wiechert in seinem Nachwort den Wink gegeben, die ästhetische Bestimmung des Standorts zu beachten, den er all dem gegenüber eingenommen habe, was er gesehen hat und beschreibt. In seinen Reden und Essays der Nachkriegszeit hat er ihn abgegrenzt gegen Standorte der Wissenschaft, der Anklage, der Schuld- und Unschuldsbegutachtung, der politischen Greuel-Reportage. Wohl in diesem Kontext relativiert er in einem Brief an den Verleger am 23. November 1945, kurz vor der Veröffentlichung des »Totenwalds« in Zürich, die Relevanz des Untertitels »Ein Bericht«; er könne »ruhig wegfallen«.

Das Buch unter dem Blickwinkel zu lesen, es könnte die Datierung der Shoah verändern, bedeutet zunächst, ihn nach der Erfahrung der Lektüre zu verstehen und zu nutzen; bedeutet auch, ihn nicht aufzugeben, wenn das dokumentarische »Material«, das zum geschichtlichen Verständnis des Textes im folgenden verarbeitet wird, die Subjektivität der Wiechertschen Erzählweise zu überfordern scheint. Ein Apparat hat einen Dichter an den Rand der »physischen Vernichtung« geführt, also sollte die Korrespondenz (correspondance) zwischen beiden nicht Gegenstand des Interesses sein?

Der Weg des Essays geht durch die Lektüre von Dokumenten hindurch bis dorthin im Buch – es zuvor umkreisend und historisierend –, wo der Standort des Autors der des Häftlings mit dem Namen Johannes und der Nummer 7188 ist. Er sieht die Shoah am 8. Juli 1938. Er sieht sie »mit der Seele«. Unzweideutig erinnert die Metaphorik des Vorworts an diesen Standort. Per me si va nella Città dolente - - - lasciate ogni speranza, voi ch'entrate / Ich bin das Tor der Schmerzen, durchschreitet mich, laßt alle Hoffnung fahren.

Wiechert wollte seinen Blick »auf die dunkle Bühne«, der ein Blick der ersten Erkenntnisse gewesen sei, so schnell wie möglich bekanntmachen, um auf die Art und Weise, wie die »Kommenden« vielleicht nicht zur Vernunft, aber »zur Mahnung« gebracht werden könnten, im Kontext der zu erwartenden frühen Aufklärungsliteratur nach der Befreiung Einfluß zu gewinnen. Unter noch ungeklärten Umständen, die kaum andere als konspirative gewesen sein können, hat er am 29. Januar 1945 den Vertrag unterschrieben, welcher »der Firma Rascher & Cie. A.-G. die alleinigen Verlagsrechte« am »druckfertigen« Manuskript *Der Totenwald* überträgt.

Razzien gegen »Asoziale Personen und Juden«

Am 7. Juli 1938 verzeichnet das »Stärke«-Register des »K. L. Buchenwald« in der Rubrik »Zugang« zehn »Schutzhäftlinge«, unter ihnen Ernst Wiechert und zwei der »Gefährten«, die der Dichter im »Totenwald« unter anderen portraitieren wird, Alfred Beckert (»Vater Hermann«, seine Qualen Seite 79 und 90-93) und Edmund Rothemund (am 31. 1. 1941 nach Auschwitz überführt). Schutzhäftlinge waren in der Regel politische Gefangene, die mit einem roten Stoffdreieck auf ihrer Bekleidung gekennzeichnet wurden. Die zweite größere Kategorie, »Vorbeugungshäftlinge« mit der Bezeichnung »Arbeitsscheu Reich« (ASR), weist im Register elf »Zugänge« auf, darunter vier Juden, Benno Cheim, der am 3. Januar 1939 in Buchenwald starb, Josef Klausner und Julius Machol, die mit unbekanntem Schicksal an ›ihre‹ Gestapo-Stellen »überführt« wurden, und David Mendelsohn, dessen langer, unbekannter Weg in den Tod (Seite 145) beklemmend-anonym an das Überleben Wiecherts rührt (oder haben sie sich wahrgenommen?); beide wurden auch am selben Tag *entlassen* und der Gestapo übergeben. Juden, die bei den Razzien der Aktion »Arbeitsscheu Reich« – sie wird unten genauer dargestellt – verhaftet worden waren, wurden in den

Lager-Akten als »ASR-Jude« geführt, während an ihre Kleidung das Kennzeichen für »arbeitsscheu« geheftet war, ein schwarzes Dreieck, das aber von einem gelben Dreieck unterlegt und so zum Davidstern ergänzt wurde. Dieser symbolische Akt, der einer historischen Zeichenspur zugehört, muß uns in seinem gewaltgeschichtlichen Rahmen beschäftigen, in den ich zunächst einführe.

Überwachen und Strafen im Regime der Nationalsozialisten lagen seit Herbst 1937 nach einer »Verstraffung« der Bürokratien und Befehlsstrukturen in der Hand von Himmler und Heydrich, »Reichsführer SS und Chef der Deutschen Polizei« der eine, »Chef der Sicherheitspolizei und des Sicherheitsdienstes der SS« der andere. Ihre Stäbe waren die Avantgarde der Methodenplanung im Dienste von Kriegsvorbereitung, sozialer Fahndungsdichte und »Judenpolitik«. Man verfügte hier seit 1938 über die geheimen »Meldungen aus dem Reich«, mit deren Auswertung neben der Reichskanzlei die Ministerien und Haupt- und »Bevollmächtigten«-Ämter versorgt wurden. Vor allem dienten die »Meldungen« dazu, zur »Lage« im Reich ein eigenes Amtswissen anzusammeln, darüber politische Souveränität zu entwickeln und prognostisch zu ›denken‹. Dieser ›Gesamtapparat Himmler / Heydrich‹ gab sich mit Beginn des Jahres 1938 sicher, die »Etappen« zu kennen, die ihren Einschätzungen zufolge das Reich auf dem Wege seiner sozialen, politischen und ökonomischen Konsolidierung noch vor dem Krieg zu gehen hatte. Eigenmächtige politische Initiativen lagen im Trend dieser Amtsauffassung.

Das galt primär für den »völkischen« Rassismus in der besonderen antisemitischen Ausprägung der »Judenfrage«, die in den Köpfen Himmlers und Heydrichs fieberhaft auf »ihren Abschluß« drängte, über die »Etappe« vor den Verwaltungsreformen 1937 hinaus, als sie noch »auf dem Gesetzes- und Verordnungswege zu regeln« war. Eine Gelegenheit bot sich an, die »Etappe« offener Gesetzlosigkeit einzuleiten: Steigender Arbeitskräftemangel bedrohte den Vierjahresplan zur Kriegsvorbereitung. So planten die Polizei-, Haupt- und Zentralämter – keine Orte für Hemmungen, aus dem eigenen Volk *Zwangsarbeit* zu schöpfen und mit Hilfe des abschreckenden Gerüchts über »Arbeitserziehungslager« die allgemeine *Arbeitsmo-*

ral zu heben –, was unter der Aktions-Chiffre »Arbeitsscheu Reich« im März / April und Juni 1938 in der Form landesweiter Razzien in die Geschichte trat. Zu Beginn wollte man die Mit-Absicht der Maßnahmen, eine antisemitische, unter dem sozialpolitischen Deckmantel noch zureichend getarnt haben. Aber ihre »judenpolitische« Dynamik trat in den Juni-Befehlen Heydrichs an die Kripo-Leitstellen bereits fast offen hervor und bedurfte bald keiner Tarnung mehr.

Von Polizei-, Arbeits- und Wohlfahrtsbehörden ausgefahndet und festgenommen wurden *alle* sogenannten Arbeitsunwilligen und Arbeitsscheuen, was den Zweck haben sollte, »nahezu die letzten arbeitseinsatzmäßigen Reserven auszuschöpfen«. Heydrich preßte per Definition Juden in die Aktion, indem er befahl, auf Vorstrafen zu achten, die als Verhaftungsvorwand benutzt werden konnten, auch dann, wenn es sich um Bagatellen, die man auch inszenieren konnte (Ordnungswidrigkeiten), oder niedrige Bewährungsstrafen handelte. Am Ende hatte die Aktion an die zehntausend Arbeitssklaven nicht dem Arbeitsmarkt, sondern den Konzentrationslagern »zugeführt«, deren Ausbau sie entscheidend zu beschleunigen ›halfen‹.

Der allgemein rassistische Absolutismus, der bei den Razzien zutage trat und Züge der Austilgung annahm, stand sowohl ihrem volkswirtschaftlichen Nutzen als auch dem öffentlichen Anschein ihrer sozialpolitischen Berechtigung im Wege. Denn »erfaßt« werden sollten »*alle* asozialen Elemente, die durch ihr Verhalten (!) der Gemeinschaft zur Last fallen und sie dadurch schädigen«. So die Sprache Heydrichs. Von produktiver Arbeit ist in den Befehlen und Schnellbriefen, die die beginnende »Reichsaktion« steuerten, keine Rede. Ergriffen wurden Bettler, Hausierer und alle möglichen Kranken ohne festen Wohnsitz, Landfahrer, Straßenhändler, Schausteller und Eintänzer, alle »zigeunerischen Personen«, aber auch körperlich und geistig Behinderte, Trunksüchtige, gemeldete Geschlechtskranke, Bewohner von Pflegeheimen und »Jugendschutzlagern«, Kranke aus Arbeitshäusern und – Juden, möglichst vorbestraft.

Niemandem, der in den Akten liest, kann die antisemitische Mitnahme-Logistik entgehen, die in der Sprache der Befehle herrscht. Sie ›sagen‹, so wie »asoziale Menschen« sich »in die Ordnung der Volksgemeinschaft nicht einfügen wollen«, so auch Juden nicht; sie aber sind einer weitergehenden Definition unterworfen: Ihr Judesein gilt als »eine Eigenschaft«. Nicht wie die »Asozialen« werden sie »vorbeugend« und allgemein abschreckend ergriffen, um im Lager bis zur »physischen Vernichtung (- - -) zwangserzogen« zu werden. Sondern die ersten, deren man im Schutze der »ASR«-Aktionen habhaft werden konnte, wurden *mitgenommen*, um dort bis zur »physischen Vernichtung« zur Auswanderung erpreßt zu werden. War ihre Verelendung unter »dem Druck der Verhältnisse« schon so weit fortgeschritten, daß man sie selbst nicht mehr erpressen konnte, bot die Aktion »ASR« die Möglichkeit, die Torturen im Lager zu nutzen, um die jüdischen Fürsorge-Einrichtungen zur Übernahme der Auswanderungskosten zu nötigen – deren Kassen aber waren lange vor den »Tributgesetzen« (nach den November-Pogromen 1938) oft schon leer. Die Auswertungen der Situation im »Sicherheitshauptamt« ergaben eine »absolute Resignation« im »jüdischen Proletariat«. Die Folgen für die Ergriffenen, auf die das zutraf, waren entsetzlich. Das Beispiel David Mendelsohn habe ich erwähnt. Als »ASR«-Gefangener war er, wie viele andere, der damals noch geltenden außenpolitischen Richtlinie »Restlose Auswanderung« zugeordnet und bei seiner Entlassung als »Abschiebungshäftling« der Gestapo übergeben worden. Die Mittel zur Auswanderung haben offenkundig gefehlt. Wie hat er bis zum 25. September 1942 gelebt? An diesem Tag wurde er nach Mauthausen deportiert, wo er nach wenigen Tagen starb.

Auf dem Bodensatz der Befehls- und Rechtfertigungssprache Heydrichs während der Razzien bleibt als Grund zur Verbringung nach Buchenwald die Eigenschaft übrig, Jude zu sein.

Kalt hat sich diese Sprache dem Rechtfertigungsdruck der offiziell propagierten Ideologie entzogen, die 1936 »Entjudung Deutschlands« zwar schon hieß, aber gerade an diesem NS-programmatischen Kernpunkt noch immer und *gerade* im kritischen Kriegsvorbereitungsjahr 1938 in der Hauptsache auf Diskriminierung und Isolierung ausgerichtet war, die »auswanderungsfördernd« wirken sollten. Diesen Politikzweig überlassen Himmler und Heydrich nun höhnisch dem »hohlköpfigen« Goebbels, während ihr Vertrauen einer Bürokratie gilt, die in der Lage ist, den vom jungen Hitler vorgegebenen »Antisemitismus der Vernunft« in eine »Abwicklung« umzusetzen, die, »soweit das Problem innenpolitisch zu sehen ist (- - -), die Judenfrage (- - -) einer Endlösung entgegenführt«, jetzt!

Die Sprache der Befehle bezeugt in sich selbst jene antisemitische Dynamik, weshalb sie sich auch gar nicht tarnen kann. Sie zielt direkt auf das, was in den Lagern mit den Juden zu machen möglich sein werde.

Die Exekutionsavantgarde der »Reichssicherheit« widerlegt mit ihren Taten, die mit ihrer Sprache beginnen und vom Befehl bis zur »Vollstreckung« einen kurzen Weg haben, alle großräumig erzählenden Holocaust-Darstellungen, die »die Jahre der Vernichtung« mit dem Krieg gen Osten, September 1939, beginnen lassen möchten. Hier entscheidet weder das Ausmaß der kriegsbegleitend entwickelten Tat- und Tätersysteme noch die Zahl der Opfer, sondern die Methode ihrer Erzielung auf bereits systematischem Weg. Sie *ist* die Tat der Gedanken, im Büro und am Zielort.

Daß der Himmler/Heydrich-Apparat mit den »ASR«-Razzien die erste »Etappe« der Vernichtung eröffnet hat, ist selbst den höchsten Instanzen der NS-Judenpolitik in den übrigen mit ihr befaßten Ämtern nicht aufgefallen. Goebbels demonstriert das, indem er dem Ziel-Kalkül der Aktion »Arbeitsscheu Reich«, während sie im Gange ist, immanent-reaktionär entgegenhandelt. Das interessiert hier unter dem Gesichtspunkt der ›unbewußten‹ Ablenkung vom progressiv Entsetzlichen auf der zeitgleichen Wirkungslinie Himmlers und Heydrichs. Goebbels nämlich organisierte Mitte Juni als Gauleiter von Berlin eine Wiederholung der ›Begleitumstände‹ während des berüchtigten Boykott-Samstags im April 1933 als eine wieder einmal gebotene Aktion des »Volkszorns«. Wieder splittern Schaufenster, wird schikaniert und geplündert, und während in Buchenwald die SS die eingelieferten Juden schwarz-gelb stigmatisieren läßt und qualvoll der »Strafe« ihres Judeseins ausliefert, gafft in Berlin das Volk, und bunte Berichte über die Kennzeichnung jüdischer Geschäfte um Ku'damm und Tauentzienstraße gehen ins Ausland. Goebbels hatte den »Volkszorn«, im Gespräch mit Polizisten, so herbeigerufen: »Gegen jede Sentimentalität. Nicht Gesetz ist die Parole, sondern Schikane.«

Die Juni-Befehle Heydrichs aber hatten solchen agitatorischen Rechtfertigungs-Sadismus der antisemitischen Reichspropaganda beiseite geschoben, nicht weil ihr Verfasser kein Sadist gewesen wäre, sondern weil ihm sein prognostisches und von Rückmeldungen bereits gestütztes Wissen sagte, daß »Parolen« überflüssig geworden und auch »Schikanen« *dem* nicht mehr angemessen waren, was schon zu sein und wohin vorzustoßen der Vernichtungsprozeß im Begriffe war. »Am Anfang stand der Eintritt des bürokratischen Apparats als solchen in den Vernichtungsprozeß.« (Hilberg 1990) Die Zeit der »Einkreisung« der deutschen Juden (Friedländer 1998) war *jetzt* vorbei. Ein Mensch ist nicht mehr nur eingekreist, wenn er so weit herabgestuft ist, daß ihm die letzte Rechtfertigung, wenigstens unter »Asozialen« noch unter seinesgleichen zu sein, entzogen werden kann; ja schlimmer noch: Heydrich hatte seinen Kripo-Leitstellen im Reich zu verstehen gegeben, eine »Arbeitsfähigkeit und Arbeitsmöglichkeit« sei als Haftziel bei Juden »nicht erforderlich«, und es sei »auch gleichgültig, wann die Strafen verhängt« worden waren, die zum Vorwand der Ergreifung verwendet werden könnten. Das heißt, nicht um zu »arbeiten«, sondern um ihrer Torturen zu harren, sollen Juden verhaftet werden. *Man verstand* in den Leitstellen den Wink und gab den furchtbaren Freibrief weiter.

Und was solche und andere Rückmeldungen betrifft: Die Akten vermitteln das Bild einer schauerlich kalten Unbedenklichkeit, die wie eine massenpsychologische Grundannahme in den Befehlen angelegt erscheint: Juden, weil sie Juden sind, einer »asozialen« Volksgruppe zu- und untergeordnet zu sehen mit der Konsequenz *Lager*, das würde der deutschen »Volksgemeinschaft« jetzt nicht mehr unangenehm auffallen – wenn es ihr überhaupt auffiel. In der Tat, daß bei den Razzien – durchgeführt von Staats- und Kriminalpolizei, unterstützt von Arbeitsämtern und nichtbehördlichen Sozialeinrichtungen, während SS und Gestapo nicht offen in Erscheinung traten – auch Juden aufgegriffen wurden, stieß weder in der Öffentlichkeit noch bei den Menschen der vollstreckenden Behörden auf nennenswerte Bedenken, gar auf Widerstand. Es konnte nun den Spitzenorganen der »Reichssicherheit« aufgrund dieser Rückmeldung aus dem Aktionsfeld, auf dem sie als Avantgarde des Vernichtungsprozesses autonom und ›experimentell‹ gehandelt hatten, als erwiesen gelten, was kaum einem Programm-Nazi 1938 schon ganz sicher schien, obwohl es seit 1933 schon mehrfach im Lande in Erfahrung zu bringen war: ein Massen-Desinteresse, ja die Massen-Loyalität angesichts des »Etappen«-weisen Verschwindens der deutschen Juden in ihrem eigenen Land.

Kann es auch uns zweifelsfrei sein? Es gibt den Kontakt der Befehle mit den Massen, es gibt aber auch ein Wissen, das aus Mitleid entsteht. – Schlau war jede einzelne Verhaftung auf das populäre Vorurteil abgestimmt, »gemeinschaftswidriges Verhalten« werde zu Recht verfolgt und »erzogen«. Bei den meisten, die einem Abgeholten nachschauten, mochte das auch wirklich verfangen haben; man lese hierzu Gert Hofmanns »Die Denunziation« (1987). Und rasch mochte wieder ins Vorbewußte zurückgewichen – *vielleicht aber auch im Ahnungsvollen* haftengeblieben sein, was sich ihnen in einem Augenblick der mitmenschlichen Wahrnehmbarkeit aufdrängen wollte: Da in ihren Augen (als Nachbarn) die akzeptable Zweckbestimmung der Aktion nicht in allem, was sie selbst wußten, auf das Zerrbild »des Juden« zutraf, das die »Volksaufklärung und Propaganda« geprägt hatte, werden sie *diese Ergriffenen* wohl auf dem Weg in ein besonderes Leid gesehen haben. Dieses »Besondere« war in den Befehlen in der Tat vorbestimmt. Auch das: Wer beide Kategorien erfüllte, nämlich »asozial« *und* »Jude« war, z. B. Schausteller, der war bereits zum Tode verurteilt, als er verhaftet wurde. Nur ein »Ausweisungshäftling« zu sein oder zu werden konnte ihn vielleicht noch retten. Das alles allmählich zu begreifen war nur im Lager möglich.

Statistisch traf Wiechert, als er am 6. Juli registriert wurde, ohne es wissen zu können, mit solchen Schicksalen der Razzien zusammen. In der Rubrik »Abgang« sind an diesem Tag ein Schutzhäftling und neun »ASR«-Gefangene verzeichnet. Juden und Nicht-Juden unterscheiden sich auf *den Listen* selbstverständlich nur der Anzahl nach, nicht danach, welche »Grausamkeitsstufe« die definitiven Befehle Himmlers und Heydrichs den Juden zugeteilt hatten. Entlassen wurden sieben nicht-jüdische und vier jüdische Personen der Kategorie »ASR«, während zwei nicht-jüdische, Gustav Denks und Michael Wemmert, und drei jüdische »ASR«-Gefangene, Martin Süßmann, Josef Levy (ein Schausteller) und Alexander Krebs, in den drei Wochen seit ihrer Verbringung nach Buchenwald zu Tode gequält worden waren. Auch die falschen Angaben zur Todesursache unterschieden sich nicht, die Formeln »Herzversagen«, »Darmverschluß« usw. wurden wahllos gestreut, und »auf der Flucht erschossen« hieß in Buchenwald immer, daß die SS im Steinbruch eine der Hinrichtungen inszeniert hatte, wie sie auch im »Totenwald« beschrieben werden; an diesem Tag hatte es Alexander Krebs getroffen.

Aber Wiechert traf zugleich auf die Wirklichkeit aller dieser Tode. Sorgfältig geht sein Text mit der Ununterscheidbarkeit individueller Tode um, wenn eine Marter zu bezeugen ist, die immer singulär ist. Das Portrait »Vater Hermann« (Seite 142) ist das in die Mitte des Buches gesetzte Beispiel dafür; statistisch starb der Gemordete an »akuter Kreislaufschwäche« oder wahlweise an einem »Lungenödem«. Der Menschenobhut des Künstlers, der, wie es im Vorwort heißt, »mit der Seele« sieht, entgeht jedoch nicht (»Denn jeder einzelne Mensch ist schon eine Welt - - - Still davon, so würden die Toten sprechen«, Heine 1838), was er objektiv nicht wissen konnte: die befohlene »Selektion« eines »fremdrassischen« Volkes in Deutschland, deren »Vollstreckung« unter seinen Augen beginnt.

Als Wiechert die Kennzeichnung seiner jüdischen Miteingelieferten beobachtet, haben die Razzien etwa 1.280 Juden hinter das Tor gebracht, das sind mehr als ein Drittel (andre Quellen sprechen von 50 %) der »ASR«-Häftlinge im Lager. Drei Tage »mit der Seele« Sehen haben dem Dichter dann genügt, zu erkennen, was der schwarzgelbe Stern auf diesem Gelände bedeutet (Seite 81 ff.). Die besondere Register-Prägung »ASR-Jude« war am 1. Mai 1938 verfügt worden, unmittelbar nach dem Eintreffen der ersten Opfer aus den Razzien im April, darunter 17 Juden. So doppelt »gezeichnet« (Seite 74), gleichzeitig zwei »Grausamkeitsstufen« zugeordnet, waren diese Menschen seit diesem Datum dazu verdammt, sofort unter der Marter ausgesuchtester Sadismen zu vegetieren und zu »arbeiten«.

Die Spur der Zeichen

Politische Gefangene, die bei diesen Anfängen im Sommer 1938 zugegen waren und ihre Augen und Sinne nicht abwendeten vor dem zunächst Unfaßbaren, es vielmehr fest ihrem Gedächtnis einprägten, um es zu überliefern, wenn sie überlebten – Moritz Zahnwetzer und Wiechert sind die beiden historischen Beispiele dieser frühen »ASR«-Zeugenschaft –, sie sehen, wie furchtbar neu das »Judenzeichen« sich jetzt zu ›erfüllen‹ beginnt, nachdem es in der Effektenkammer des Lagers auf seiner alten Geschichtsspur, ›plötzlich‹ zum Stern zugespitzt, wieder aufgetaucht ist.

Das Regime hatte, nachdem es eingesetzt worden war, sofort, zuerst noch stümpernd, auf die Tradition der Kennzeichnung zurückgegriffen, prägte dergestalt seinen Programm-Antisemitismus dem Alltagsgesicht der Gesellschaft Zug um Zug auf. Wir kennen die Beispiele, aus allen sprach eine alte Rechtsgeschichte der Absonderung und Vertreibung, sprach aus den Schildern und Schildchen, vielverkauft in der NS-Zeit, solange deutsche Juden noch im Land waren, - - - »In diesem Grundstück wohnen *Juden*«, »In diesem Grundstück wohnen *keine* Juden«, »Juden unerwünscht« - - -; alle beschworen Rechtlosigkeit herauf. Den Anfang machte man am 1. April 1933, jenem Boykott-Samstag, mit dem bis heute meistzitierten NS-Plakat: »Deutsche! Wehrt Euch! Kauft nicht bei Juden!« Weniger bekannt ist eine der Ausführungsbestimmungen zum 1. April, die das »Zentral-Komitee zur Abwehr der jüdischen Greuel- und Boykotthetze« überall im Reich bekanntgemacht hatte, wonach allen jüdischen Geschäftsinhabern zu befehlen war, einen »gelben Fleck auf schwarzem Grund« an ihre Türen und Schaufenster zu heften. Nazis kannten ihre Bibel und wußten sie zu parodieren; Exodus 12, über den Vernichter (Vers 23). »Ein gewaltiges Symbol!«, so kommentiert Robert Weltsch drei Tage später das Ereignis in der Jüdischen Rundschau.

Er hatte auf der Straße gesehen und unter § 3 der Boykott-Richtlinien nachgelesen, daß im Sinne der Attacken gegen Geschäfte, »die sich in den Händen von Angehörigen der jüdischen Rasse befinden«, abtrünnige oder getaufte Juden »selbstverständlich (---) ebenfalls Juden« seien. Und ihm war vor Augen getreten, daß die Nationalsozialisten bereits jetzt, nur zwei Monate nach der Ernennung Hitlers zum Reichskanzler, die historische Stärke fühlten, in die lingua bruta ihrer »nationalen Revolution« nicht nur die Erinnerung an die mittelalterlichen Zeichen der *rechts-förmigen* Diskriminierung einzufädeln – rot-, grün-, blau- und gelbfarbige Tücher, Schleier, Barette, Schärpen, Ringe, Kreuze, Flecke –, sondern ihnen mit bestürzender Treffsicherheit auch die ideologische Kraft der »natürlichen« Fremderklärung zu entlocken, die ihnen erst zu Beginn der Neuzeit die christlich-spanischen Statuten über die »Reinheit des Blutes« verliehen hatten. Dieses älteste, seitdem in der Zeit verschlossene (monadische) Moment auf der Erinnerungsspur *biologischer* Diskriminierungen in Europa sehen wir 1933 im Rasse-Nationalismus der deutschen Faschisten wieder aufplatzen und den sozialen Affektgehalt seiner Haßlatenz freisetzen. Der Goebbels-Typus, der in diese Erbe-Spur mit Radikalisierungsabsichten eintrat, brauchte nicht historisch gebildet zu sein, sondern bloß instinktsicher auf die aufblitzenden Affektdispositionen im Volk zu schauen und ihnen ›Sprache‹ zu geben. So wie ein ganzes Volk, das spanische – *nach* der Vertreibung der Juden 1492 –, »leidenschaftlich ergriffen« worden war vom Schrecken, es könnte »unheilbar befleckt« bleiben (»infiziert«, sagten die Nazis) von der »angeborenen Verderbtheit der jüdischen Rasse« (Poliakov), so schürt die NS-Zeichenpolitik seit 1933 Rassenhaß und verspricht, einer Blutsvermischung im »völkischen« Ausmaß *vorzubeugen*. Ein Ziel, an dem gemessen die christliche Zeichenspur des Judenhasses an ein historisches *Stückwerk* mahnen soll. In den fünf Jahren bis 1938 erreicht diese dann schon weltbekannte Diskriminierungs-Politik eine Annäherung ihrer Rhetorik an den in Kälte geronnenen SS-Fanatismus, bis dieser auf sie überspringt und sie in ›sprachliche‹ Raserei verwandelt. Im Schrei der Massenversammlungen ist Judenhaß als »Erinnerungsakt« beschworen, dessen »Zeugen« ihm »bis ins tiefste erschüttert« beiwohnen und sich als ein »nationalsozialistisches Volk von 80 Millionen« erfahren sollen, ein Volk, »das nicht mehr zu halten sein wird«.

Zum Zeitpunkt aber, als der schwarz-gelbe Stern im zweiten Viertel des Jahres 1938 mit seiner Erfindung in Buchenwald zugleich für die Gesellschaft unsichtbar wurde und nur den Internierten ›vorzeigen‹ konnte, wofür er das Zeichen war, wurde seine Bedeutsamkeit aufgespalten. *Oben* in der Öffentlichkeit blieb Raum und Zeit für die Entwicklung eines erst noch undeutlich sprechenden Ziel-Zeichens des geschürten Judenhasses, während *unten* auf der Zeitachse der geschichtlichen Zeichenspur *bereits ein Stillstand eingetreten war*. Hier waren *Opfer* »bis ins tiefste erschüttert«. Hier waren zur Lagerzeit Wiecherts etwa zweitausend SS-Kommandogehilfen »nicht mehr zu halten«, losgelassen auf die etwa achttausend Häftlinge, darunter die etwa einundeinhalbtausend Juden, die erleiden sollten, wozu sie ausgesondert worden waren – hier war Schwarz-Gelb kein Vor-Zeichen mehr.

Oben im Reich, wohin der Dichter und andere »Schutzhäftlinge«, wenn sie Glück hatten, zurückkehren und wo sie auf noch nicht gezeichnete Juden treffen konnten, ist das also noch anders. Hier wird mit »Volkszorn« gespielt, werden Teilmaßnahmen ergriffen und Gedankenspiele angestellt; z. B. werden im Zusammenhang mit Abschiebungspraktiken (Palästina), Ghetto-Kolonieprojekten (Madagaskar) und einer kurz auch angetesteten Beteiligung an internationaler Auswanderungsdiplomatie (Konferenzen von Evian und London, Juli / August 1938) Kennzeichnungen angeordnet wie Melderegister oder Kennkartenzwang (mit dem »J«-Stempel), und das Namenskollektiv »Sara« und »Israel« wird eingeführt; oder Goebbels freut sich über die Schmierer-Phantasie der Jugendhorden (HJ) und seiner SA, die sich an den Ku'damm-Krawallen am 14. Juni beteiligen und Karikaturen und Sternumrisse auf Schaufenster zeichnen; und nach dem Novemberpogrom sehen die Gaffer in Baden-Baden vor einer der Kolonnen zum Bahnhof, Ziel Dachau oder Buchenwald, einen Juden den Davidstern in improvisierter

Pappeform vor sich hertragen, während zwei Tage später Heydrich erstmals die allgemeine »Abzeichen«-Pflicht, nicht den Stern, in Vorschlag bringt. Hitler wird sie zwar für den Augenblick verwerfen, der vorgeschlagene Gedanke aber – ›Volksfahndung‹! – ist gefaßt (das Zeichen werde mühelos, so Heydrich, die Juden »dem wachsamen Auge der gesamten Bevölkerung« ausliefern), und seinen Hintersinn formuliert Göring: Sollte der Krieg kommen, ehe die »restlose Auswanderung« bewerkstelligt ist – und alle Versammelten wußten, daß dies so kommen wird –, dann »ist es selbstverständlich, daß (– – –) wir in allererster Linie daran denken werden, eine große Abrechnung an den Juden zu vollziehen«.

Zahlen

Blicken wir in die unmittelbare Zukunft der »ASR-Jude«-Gezeichneten mit Hilfe von weiteren Zahlen. – *In der Buchenwalder Unterwelt* erlebte Wiechert den Höhepunkt der »Etappe« mit dem Namen »Arbeitsscheu Reich«. Am 20. Juni, als die Gesamtzahl der Aufgegriffenen auf zweitausend angestiegen war, wurden die besonderen jüdischen Trägerkolonnen (Steine, Baumstämme und Wurzelstöcke) aufgestellt, die der Dichter nach seiner Einlieferung gesehen hat, bis zum 1. Juli hatten die Razzien vierundeinhalbtausend »ASR«-Häftlinge nach Buchenwald gebracht, darunter 1.272 Juden, eine Zahl (sie schließt den Austausch zwischen »Zugänge« und »Abgänge« ein), die bis zu seiner Entlassung am 24. August kaum noch stieg. Kurz darauf werden die Zahlen der schwarz-gelb Gezeichneten überlagert, der Stoffetzen braucht aus der Effektenkammer kaum noch hervorgeholt zu werden, denn die »Septembertransporte« aus Dachau, »Evakuierungen« infolge der »Sudetenkrise« und darauf Transporte aus Wien brachten bis Ende September zweiundeinhalbtausend Juden in das überfüllte Lager, wo nun jeder dritte Häftling Jude ist; nach den Novemberpogromen werden 9.828 Verhaftete, die bei dieser Gelegenheit zur Auswanderung gezwungen werden sollen, in Notbaracken zusammengepfercht, täglich werden bis zu vierhundert der Erpreßten nach Folter und Ausplünderung entlassen, 233 Menschen überleben die

Torturen nicht; am Ende des Jahres befinden sich noch über einundeinhalbtausend jüdische Häftlinge in diesem »Sonderlager« im Lager; 1939 werden Hunderte polnische und deutsche Juden auf das unbeschreiblichste zu Tode gequält oder im Steinbruch »auf der Flucht erschossen«.

Wenn wir in den Dokumenten die Eintragung lesen: »Am 31. Juli 1940 befinden sich in Buchenwald 1.355 Juden«, so sind für die Frage nach den konkreten Schicksalen, die sich hinter der SS-Kategorie »ASR-Jude« verbergen, dieses *Datum* und diese *Zahl* zusammengenommen bloß eine Chiffre für Ungewißheit und Anonymität. Die Eintragung verweist auf das in Zahlen bis heute noch nicht ausdrückbare Verschwinden der Schwarz-gelb-Kennzeichnung; wir können es auch ein unter anderen Zahlen verdecktes, statistisches In-Vergessenheit-Geraten der »ASR«-Aktionen nennen: Für die nicht mehr zählbaren »vorbeugend« ergriffenen Opfer, die ihre Einlieferung seit April 1938 überlebt hatten und nicht unter den Entlassenen waren, ist nun Buchenwald, wie für alle die anderen, die hierher im September »evakuiert« oder nach dem 10. November vom Bahnhof Weimar den Ettersberg hinaufgeprügelt worden und nicht mehr freigekommen waren, eine »tödliche Falle« (H. Stein). Der ins Dunkle der kommenden Jahre entweichenden Opferzahlen-Geschichte der April-Juni-Razzien gibt Harry Stein in einer mir übermittelten Schätzung die nur mögliche Gestalt: »Bis 1938 war der Tod im Lager noch keineswegs alltäglich gewesen, sondern wurde noch bemerkt, ja sogar mit Namen gemerkt. In den Wochen nach der Juni-Aktion starben fast täglich Menschen – das war so grundsätzlich neu für alle Lagerinsassen, daß es berichtet wird wie ein Massensterben. Es gab ein großes Entsetzen unter allen Häftlingen. In Wirklichkeit kam etwa jeder Dritte der 1938 eingelieferten ›ASR-Juden‹ bis 1942 ums Leben oder wurde ermordet, über 100 bis zum Jahresende 1938.« *Das Jahr 1941:* Wer von den »asozialen Personen und Juden«, den durch die Razzien nach Buchenwald Verbrachten, lebte noch nach diesen bis zu drei Jahren, einer Zeit unermeßlichen und individuell nicht zählbaren Grauens? Welches ist ihre Zahl am Ende des Jahres 1941, *nach* den ersten Deportationen in die »Heil- und Pflegeanstalten« im Juli und in neue

Lager im Osten, Mai 1941, und *nach* tödlichen Menschenversuchen im Dezember? Tatsächlich ist die Zahlen- und *Namens*spur der »ASR-Juden«, wie aller »Arbeitsscheuen«, jetzt zerronnen. Bis Ende 1941 starben in Buchenwald über 1.644 und ›lebten‹ noch 1.392 Juden. Was *nun* auf diese wartete, hatte Wiechert aus den sterbenden Augen der Gequälten im Steinbruch gelesen (Seite 180). Und – welch dichte Symbolik für die Geschichte des *Blickwinkels* »Buchenwald«! – sein »Gefährte« und Freund Walter Husemann, Kapo in der Baracke 5, der Häftlingsbücherei (Seite 126 f.), entlassen am 15. September 1938, als Hochverräter hingerichtet in Plötzensee am 13. Mai 1943, zeigt ihm bei Besuchen in Berlin Zeugnisse von den Massakern im Osten nach dem Überfall auf die Sowjetunion, heimlich aufgenommene Filme, die Husemann von seinen Genossen im Widerstand erhalten hatte.

Fazit: Wer unter den Deportierten des Jahres 1941 und danach ein zu dieser Zeit noch überlebender »ASR«-Häftling gewesen ist, wissen wir nicht.

Die in andere Lager überführten Juden, die nach Buchenwald am Ende evakuierten, schließlich die über siebentausend von Januar bis 11. April 1945 gemordeten, die über achttausend in die Todesmärsche vor der Befreiung getriebenen, die mehr als dreitausend überlebenden – –, wie miteinander verbunden ist die Marter all dieser Buchenwald-Häftlinge seit Mai 1938! Wie schwer vertretbar, in *diesen* Zusammenhang hinein vorgeschichtliche Stufen der Shoah, gar eine Zäsur zu ihr hin einzutragen! Unverzichtbar erscheint mir Wiecherts Blickwinkel, denn er hat *gesehen,* daß in jedem einzelnen jüdischen Opfer der April-Juni-Razzien bereits das ganze jüdische Volk gemeint war. »Es war nämlich so - - -« (Seite 81)

Die »Gezeichneten«-Spur ins Jahr 1941, zu der wir zurückkehren, manifestiert mit ihren signifikanten Daten den Prozeßcharakter der Jahre seither. Im September 1941, als es bald keiner Zeichen mehr bedurfte, um das deutsche Volk »aufzuklären«, wird die Aufspaltung des schwarz-gelben Zeichens in sein verborgenes und offenes Bedeuten aufgehoben. Das Stern-Zeichen, nach einem Entwurf von Goebbels zum »Judenstern« ›bereinigt‹, muß nun aufgrund eines Himmlerbefehls ab dem 6. Lebensjahr getragen werden, »handtellergroß«, »aus gelbem Stoff«, beide Dreieckteile »schwarz ausgezogen«, in der Mitte die »schwarze Aufschrift J«, sichtbar und fest auf der Kleidung aufgenäht, »auf der linken Brustseite« – »etwa in Herzhöhe«, so die Ausführungsempfehlung der Berliner Jüdischen Kultusvereinigung. Am 13. März 1942 wird von Heydrich befohlen, den gelb-schwarzen Stern auch an den Wohnungstüren anzubringen.

Wer diesen »Judenstern« betrachtet, bemerkt den Hohn. Den Buchstaben aus der hebräischen Quadratschrift, ﬠ (Jod), hatte Goebbels in einer Form vorgegeben, die dessen Gestalt in der mittelalterlich rabbinischen Raschischrift assoziiert. Schon immer in ihrer Geschichte ist den Juden auf der Spur ihrer besonderen Kennzeichnung nach der Verhöhnung der Tod gefolgt, noch nie wie jetzt.

Wiecherts Weg nach Buchenwald

Der Dichter hat in den ersten Jahren der Weimarer Republik die Sprache ihrer Gegner gesprochen; insbesondere gehörte er zu den heimgekehrten Frontkämpfern, die der deutschen Niederlage 1918 einen trotzig forcierten Heldenkult entgegensetzten und auf diese Weise, wenn sie mit dieser Haltung in die wilden Nachkriegsdiskurse eintraten, den späteren ideologischen Erfolgen der Nationalsozialisten, der Partei eines neuen Krieges, vorgearbeitet haben. Unter dem Aspekt dieser Zugehörigkeit war »Der Totenwolf« von 1923, das erste Buch Wiecherts, das ein wenig Erfolg hatte, objektiv revanchistisch. Und ob das Hakenkreuz, das es bei seiner Veröffentlichung in einem rechts-katholischen Verlag auf seinem Schutzumschlag trug, der Billigung des Autors so ganz entbehrt hatte, wie er es in seiner Autobiographie schamvoll nahelegen wird, ist nicht gewiß: Es war dem Inhalt des Buches angesichts seiner germano-rassistischen Züge durchaus angemessen. Trotzdem haben sich die Nazis getäuscht, als sie später vom Dichter erwarteten, er werde ihrem Rassismus aktiv zu Diensten sein.

Bereits in dieser Entwicklungs-Frühe, als Wiechert, wenn auch parteipolitisch ungebunden, einer extrem national-konservativen

Kriegsliteratur nahestand, hatte er die Reaktionsweise des selbstbezogenen *Außenseiters* ausgebildet, den es nicht interessiert, ob seine Meinungen dem Gemurmel des republikfeindlichen Stammtischkollektivs zuzuschlagen seien oder von Meinungsmachern genutzt werden könnten, die er doch gekannt haben muß. Es ist *moralischer Individualismus*, auf den er sich stets wortreich beruft und dessen Unabhängigkeit er sich vorgaukelt. Nicht zu übersehen aber ist, daß der *Schriftsteller* Wiechert schon bald eine solche Unabhängigkeit auch ausgestrahlt hat, so daß wir vermuten können, er habe mehr oder weniger planvoll die Gesinnungen im ›rechten Lager‹, insoweit es ihn las, nicht nur bedient, sondern auch beunruhigen wollen. Jedenfalls ist der Außenseiter-Typus, mit dem wir es hier zu tun haben, für selbsternannte ›Gesinnungsgenossen‹ unberechenbar – auch der Widersprüche in seiner Gefühlswelt wegen, die er in sein Schreiben trägt. Im »Totenwolf« z. B. begegnet uns in der Hauptfigur das Idol eines kämpfenden Super-Individuums, aber Wiechert, der als Patriot persönlich ein tapferer Soldat gewesen ist, haßte den Krieg. Er hatte ihn als die Vernichtungsmaschine erlebt, die den Menschen zu ihrem »Material« macht. Mochte diese wenig differenzierte Art, sein Soldatsein in den Massenschlachten des Ersten Weltkrieges zu verarbeiten und auf den Begriff zu bringen, avant la lettre noch zusammenpassen mit seiner Ablehnung der Republik (»sogenannte Herrschaft des Volkes, damit der Masse, damit des Unsinns«) – literarisch jedoch vollzog Wiechert in diesen Jahren eine Wandlung, die abseits der reaktionären Diskurse heranreifte und im zweiten Kriegsroman, »Jedermann« (1930), die Basis legte für ein künftiges Schreiben in der Gesinnung derer, die man gern die »Humanisten« heißt – was ihm über kurz oder lang die ›natürliche‹ Gegnerschaft der Nazis sichern mußte. Noch merkten die aber nichts, insoweit sie auf literarischem Felde vagabundierten (wie die Mannen der Münchner NS-Zelle um Rudolf Hess, die späteren Zensur-Kommissionäre im Braunen Haus, denen der parteiamtliche »Schutz des nationalsozialistischen Schrifttums« anvertraut sein wird). Es ist zu vermuten, daß diese Leute, eingenommen von den weltkriegsromantischen Reminiszenzen auf der Oberfläche des Romans, sowohl seinen perspektivischen Pazifismus als

auch den Auftritt einer ›positiven‹ jüdisch-asozialen Figur übersehen haben. Auch später, bei allen amtlichen Einlassungen auf Wiecherts Dissidenz, wird dieser Roman keine Rolle spielen. Hatte
vielleicht eine in ihm erstmals angewandte Textmaßnahme, die
man eine gestalterische Täuschungs-List des Autors nennen kann,
Erfolg gehabt? Oder: Wie dick aufgetragen mußte ein literarischer
Pazifismus sein, damit gute Nazis ihn entdecken?

Reflexhaft und begriffslos mochten sie, wie es zum Instinktreper-
toire ihrer Feindwitterung ja paßt, bald den neuen Zug wahrgenommen haben, der sich nach dem »Totenwolf« in Wiecherts *Schreiben
überhaupt* entwickelt hat. Auf seine berühmten Münchner Reden
1933 und 1935, deren Inhalt in der *Legende* von seinem Widerstand
später (meist ungelesen) überbewertet wurde, haben sie tatsächlich
so reagiert. Zur Macht gekommen, fühlte man sich »lächerlich gemacht«, als Wiechert die »Anständigkeit«, die der Jugend verkündet
wurde, eine »Boxer-Ethik« nannte: Das sei, so das Überwachungs-
Protokoll vom 16. Juli 1935, einer seiner »unangebrachten Verglei-
che von angeblich dichterischer Warte aus«. Ein Zuhörer, der im
Jahr seiner Emigration nach Israel schüchtern, unter falschem Namen, schon bloß noch als studentischer »Zaungast« sich fühlend,
in einer der hinteren Reihen im Auditorium Maximum saß, Fritz
Rosenthal, nahm die andere Wahrheit der Rede auf; er sah »das gü-
tig-ernste Gesicht des Mannes, um dessen schmallippigen Mund ein
feiner Zug gemischt aus Ironie und Leiden lag«, und »er hörte die
Stimme«. Sie habe zu denen im Lande gesprochen, »zu denen sonst
keiner mehr öffentlich zu sprechen wagte«. (Nach der Befreiung
nahm Rosenthal, nun, aktiver Versöhnungstheologe, unter dem
neuen Namen Schalom Ben-Chorin, die Verbindung zu Wiechert
rasch wieder auf und ist wieder und stärker »angerührt« von dieser
»reinen Stimme«, für die er ihm nach Lektüre des »Totenwalds« in
einem Brief aus Palästina am 2. März 1947 besonders dankt.)

Daß die Nazis den Kriegsroman »Jedermann« als Zeugnis eines
enttäuschend neuen Wiechert jetzt, zur Macht gekommen, noch
im Blick gehabt hätten, ist kaum anzunehmen. Das wäre auch bei
den halbgebildeten Paladinen des Führerstellvertreters im Braunen
Haus eine Frage des Lektüreniveaus gewesen. Denn der Roman ist

subtil. Er karikiert stil-listig, in ehrliche Zuneigung eingewoben, den ›frei Geborenen‹ in Uniform, den Typus des gesellschaftlich gebrochenen Individuums: In der Tat, *liebenswerte* Soldatencharaktere treten auf – aber in die Sympathie, die ihnen sicher ist, hat der Autor eine reflexiv-prognostische Doppelbödigkeit eingezogen, indem er auf das Grundverhältnis des Soldaten zu einer Gesellschaft anspielt, die ihm die Chance genommen hat, ein *Anderer* zu werden und in freier Autonomie zu leben – *und Angst und Schrecken* hätten Leserinnen und Leser *jetzt* empfinden müssen, hätten sie sich in ihrer Vorstellung vom Vaterland der Blickrichtung dieses literarischen Verfahrens überlassen. Eine soziale »Gleichheit« scheint auf, die sich in Massen militarisieren läßt und ins bedrohliche Bild eines »kontur- und gesichtslosen« Mitläufertums übergeht – das doch wieder des Heldenmenschen bedürfte; eines Ideal-Ichs, das den Massen die Selbstverantwortung in Krieg und Frieden, Haß und Liebe abnimmt. Kurz, Wiechert hatte sich 1930 in die kritische Erkenntnis einer der sozialen Voraus-Setzungen hineingeschrieben, auf die die Loyalitätspolitik der Nazis bei ihrer Kriegsvorbereitung setzen würde.

Keine der behördlichen ›Fraktionen‹ aber, die im Dritten Reich die Literatur »geführt« haben – »Reichsschrifttumskammer«, »Kampfbund für Deutsche Kultur«, »Reichsstelle zur Förderug des deutschen Schrifttums / Amt Schrifttumspflege« (Rosenberg) mit ihren »NS-Kulturgemeinden«, »Reichsministerium für Volksaufklärung und Propaganda« mit der ständigen Pressekonferenz, die »Parteiamtliche Prüfungskommission« beim Hess-Stab usw. –, hat versucht, »Jedermann« auf ein Verbot hin zu begutachten. Es ist also festzuhalten, daß es zum Mißverständnis der Nazis, Wiechert sei einer der Ihren, gar nicht gekommen wäre, hätten sie Literatur literarisch lesen können. Trotzdem aber spielt »Literatur« als ein Medium, das zuständig sei für die Pflege vaterländischer Zusammengehörigkeitsgefühle – eine dem Dichter nicht ganz fremde Auffassung –, als Grund seiner Verfolgung wie ihrer Beendigung im September 1938 eine wichtige Rolle, bis hinauf zu Himmler und Goebbels. Das führte zu Widersprüchen im NS-Bild Wiecherts und verhinderte sowohl eine rasche Politisierung seiner Diskriminierung als auch eine glatte ideologische Nutzung seiner Haft und Entlassung. Es gab bei den befaßten Machthabern mit dominant ideologischen Zuständigkeiten in Berlin und München tatsächlich so etwas wie eine Mischung aus Angst, Neid und der Bereitschaft einzulenken, weil die werte-konservativen Botschaften und die suggestiv-vereinnahmende Sprache dieses Dichters einen gewaltigen Rückhalt im Lesevolk hatten. Groben Spott und Drohtöne findet man zunächst nur in Verlautbarungen von HJ-Funktionären und anderen Holzköpfen. Der »Reichssicherheits«-Apparat nahm von Wiechert vorerst keine Notiz.

Im NS-Kulturfeuilleton genoß Wiechert eine schwer zu erschütternde Basis-Sympathie, und noch im Übergang zur weltanschaulichen Rüffelei nach den ersten Regime-Jahren ist enttäuschte Liebe, ja die Sehnsucht nach der Erosgemeinde spürbar, aus welcher ein Autor, der die dazu passendsten Töne wie ein Familienvater findet, doch gar nicht emigrieren darf! Gut dokumentiert ist diese noch anhaltende Grundstimmung in *publizistischen* Reaktionen auf die Münchner Rede vom 16. April 1935, wie denn überhaupt in den Jahren vor der Verhaftung am 6. Mai 1938 in den zurückhaltender werdenden Zeitungsberichten die Kritik an Wiechert nicht wesentlich über die Klage hinausging, der Dichter *betone* seine Zugehörigkeit zur großen neuen Gesinnungsfamilie nicht.

Politisch erstmals *abgrenzend* allerdings greift jetzt der »Völkische Beobachter« in das Vokabular des NS-»Familienromans« ein und verdächtigt Wiechert als Bastard der Nation. Sein Leidenston mißfällt, und im notorisch schlechten Deutsch des NS-Organs wird die Ahnung, er könnte begründet sein, auf den konservativen Mahner projiziert: »Es muß Bitterkeit auslösen, wenn ein Dichter wie Ernst Wiechert, dem der nationalsozialistische Staat ein unbegrenztes Vertrauen entgegenbrachte, seinen Namen dazu mißbraucht, die Saat einer schwindenden Zuversicht auszustreuen. Heroismus besteht nicht in der Vorwegnahme des tragischen Endes, sondern in dem unbedingten Willen, alle verfügbare Kraft zum Einsatz zu bringen, um ein glückliches Ende zu gewährleisten.«

Diese Intervention initiiert die offizielle Abwendung vom eben noch für »empfehlenswert« und »einsatzfähig« gehaltenen angeb-

lichen Künder der NS-Volksgemeinschaft. Das »Amt Schrifttumspflege« verbietet 1935 jegliche »Herausstellung des Dichters Ernst
Wiechert« seitens der Parteigliederungen; und bis ihn im Herbst
1936 das offiziöse »Kulturpolitische Archiv« – das die inzwischen
verbotene Münchner Rede als Beweisstück schon zur Habe genommen hat – als Abtrünnigen einstuft, der die »deutsche Gemeinschaft unter der NS-Führung« verlassen habe, und ihn demon-
strativ von der Liste der 65 »wesentlichen Vertreter deutscher
Kriegsdichtung« herunterstreicht, die Himmler, dem sie vorgelegt
werden mußte, bereits gebilligt hatte, bis dahin wird parteisprach-
lich festgeschrieben sein, daß Wiechert ein Feind des »Nationalsozialistischen Kulturwollens« und somit des Staates sei.
Verfolgt man den Weg behördlicher Beobachtung bis in die zentra-
len Stäbe, so fällt auf, daß die Zensoren im Stab Hess und die »Gau-
Propaganda-Ämter« keinen Fahndungsehrgeiz gegen Wiechert entwickelt zu haben scheinen; Goebbels schaltet sich erst ein, als nach
der Verhaftung die Akte des Gestapo-»Schutzhäftlings« entsteht.
Noch im letzten Wort des Nationalsozialismus auf höchster Ebene
zum »Fall« Wiechert, in einem Gutachten des Goebbelsgehilfen
und Schrifttumsfunktionärs Wilhelm Hägert an die Reichssicher-
heitsbehörden vom 13. Januar 1940, das den Dichter und sein Werk
vor 1933 würdigt und beide jetzt nach Buchenwald unverkennbar
schützen will, bleibt jene wesentlich literarische Quelle, die Wiecherts Nichtort im Nationalsozialismus von vorneherein markiert
hatte, »Jedermann«, unerwähnt – auch undurchschaut?
Im selben Maße nun aber, wie im öffentlichen Erscheinungsbild
nach 1935 aus dem Bild des umworbenen das eines »unzuverlässi-
gen« deutschen Dichters wurde, geriet Wiechert ins Visier der
Staatspolizei und Gestapo. Gefährlich wurde es für ihn vor allem,
als er nach den »Ausfällen« in der zweiten Münchner Rede »erneut«
Lesereisen unternahm, die ihn in viele Orte im In- und Ausland
führten, wo die Spitzel reiche Ernte einfuhren. Presse-Echo und
Zuspruch waren eindrucksvoll und deuteten darauf, daß das Auf-
treten und die Texte dieses Autors regime-kritisch wirkten. Die Lesungen aus »Jedermann« und dem unterdrückten »Weißen Büffel«,
die Erfolge in der Schweiz, in Dänemark und im Rheinland waren

diesbezüglich besonders aufschlußreich. Eine Einladung, am 17. Februar 1938 in Basel zu lesen, wurde Wiechert dann untersagt.

Die Gestapo hatte eingegriffen. *Ihre* Fahndung griff nach dem Leben. Die nachträglich (bis heute) hochgespielten Vorwandsgründe der Verhaftung waren Wiecherts kaum demonstrative Nichtteilnahme an der Volksabstimmung zum Anschluß Österreichs am 10. April 1938 und offene Worte zur »widerrechtlichen« Lagerhaft Niemöllers (Seite 12 ff.). Die geheimen »Meldungen« enthalten den wahren Zusammenhang:

Der Krieg stand vor der Tür. Wiecherts »christliche« Haltung bei seinen Lesungen hat ihm die Fahndungs-Bereichskategorie »Politische Kirche« eingebracht, und diese Zuordnung (neben der ›natürlichen‹ zu »Kulturelles Leben« und »Presse und Schrifttum«) bedeutete zugleich, daß die »Reichssicherheit« die ermittelten Auslandskontakte der Kirchen mit Wiecherts offenkundig *auch* im Ausland großer Wirkung zusammendachte. Es interessierte sie nicht, ob Wiechert von einer möglichen, im oben skizzierten Sinn national-idealen Funktion der Literatur abgewichen sei – das blieb dem »Hohlkopf« Goebbels überlassen –, sondern ob seine Wirkung auf das Publikum die psychologische Kriegsvorbereitung gefährde. Diese Gefahr war gegeben, wenn ein deutscher Schriftsteller sich *nicht enscheiden* konnte, sich also offenkundig noch immer nicht unterwarf und, obzwar somit »unzuverlässig« und »schädlich«, öffentlich weiterwirkte. Mehr war nicht nötig, selbst dann nicht, wenn die Gefahr, wie im Falle Wiecherts, nicht von offen politischem Widerstand ausging (Fahndungsbereich »Gegnerische Tätigkeit«). Literaturfahndung achtete vor allem auf die Generationszugehörigkeit der Autoren. Auf deren einige hatte man gesetzt.

Lapidar heißt es demgemäß im »Sicherheitshauptamt« nach Abschluß der Maßnahmen zum Musterfall Wiechert: »Für die ältere Generation ist 1938 vielfach ein Jahr der Entscheidung gewesen.«

Für die anderen prominenten älteren Schriftsteller, deren »Gesinnung« inzwischen zwar auch das eine oder andere zu wünschen übrigließ, die sich aber hatten entscheiden können und noch immer in der Entschiedenheit lebten, war nie Gefahr im Verzug gewesen, selbst wenn sie in Nazi-Augen literarisch unfruchtbar geworden waren wie Hans Grimm (»Volk ohne Raum«) – »hat sich nunmehr ganz abseits gestellt und nichts geschaffen« –, Ina Seidel (»Lennacker«) – »ohne innere Beziehung zu den bewegenden Kräften des neuen Reiches« –, Guido Kolbenheyer (»Das gottgelobte Herz«) – »künstlerisch schwach, weltanschaulich schärfer - - -« – oder Josef Weinheber (Lyrik) – » - - - schloß sich [nach dem Anschluß Österreichs] aus eigenem Antrieb auf«. In dieser erwartungs-ideologisch gleichbehandelten Namensreihe wurde gefahndet, aber nicht vollstreckt, da es nichts zu vollstrecken gab. Über Wiechert aber mittendrin ein einziger Satz:

»Der seit 1933 ständig opponierende Ernst Wiechert wurde gewaltsam zur Besinnung gebracht.«

Das ist eine *politische* Definition, und sie hat den Träumer zum politischen Gefangenen gemacht. Sie galt im Apparat seit dem Tag der Verhaftung uneinschränkbar als die Definition, die bei »betont staatsfeindlicher Gesinnung« (Seite 27) auf gewaltsame »Erziehung« durch »Vollstreckung« hinausläuft, das heißt, Wiechert war nun wie alle Träger des roten Dreiecks ein Verurteilter in »*unbefristeter Schutzhaft*«, die nur noch auf dem Gnadenwege aufgehoben werden durfte.

Sofort setzten sich namhafte Künstler (keine Dichter-»Freunde«, Seite 24, 32, 46 f., 127), vor allem Wilhelm Kempff (der am Flügel so sentimentalisch saß wie Wiechert am Lesetisch) und Heinz Hilpert, Intendant des Deutschen Theaters (im Mai 1947 aufgrund der Aussagen Wiecherts im Spruchkammerverfahren als »entlastet« eingestuft), tatkräftig für den Gefangenen ein, bei Goebbels, ihrer zuständigen Instanz; nicht ohne Erfolg, wie sich bei Hilperts Intervention zeigen sollte.

Daß Himmler sich persönlich für Wiechert interessiert haben könnte, ist nach Aktenlage eher unwahrscheinlich. Aber bei ihm machte sich in besonderer Weise sein Parteigenosse Wilhelm Hug für Wiechert stark. Der innige Ton der Dankbarkeit, den der Dichter in seiner Autobiographie für seinen Freund Hug aufbrachte, spricht auch hier für Erfolg. Hug erwirkte am 17. Mai bei Himmler persönlich eine Untersuchung der Haftgründe (Seite 27), deren Ergebnis, am 24. Juli der Ehefrau schließlich übermittelt, einer archivarischen Zeugnissicherung später vorenthalten worden zu sein scheint. Himmlers Mitteilung hatte auch die Bedingung genannt, unter der eine Begnadigung möglich sei. Hug nämlich hatte danach gefragt und postwendend am 25. Juli im Auftrag Wiecherts bzw. des Familienanwalts Himmler mitgeteilt, der Dichter, der dies schon in der Vorhaft dem Verhörbeamten gegenüber bekundet habe, sei bereit, seine Unterwerfung unter die gewünschten Bedingungen zu erklären; auch dieses Schriftstück fehlt. Warum? Wiechert ist durch die Nötigung nicht desavouiert. Irritiert eine solche Erklärung die Verfechter der Wiechert-Legende oder ostpreußische Heimatvereine? Am 7. August bestätigt Wiechert aus dem Lager heraus, er wolle die Erklärung »längst abgegeben« haben; das war hier administrativ aber nicht vorgesehen, und so wird erst im Columbia-Haus zu Berlin unterzeichnet, wohin Wiechert am 24. August von der Gestapo zum Abschlußverhör und eigentlichen Unterwerfungsakt aus dem Lager heraus geladen worden war. Am 30. August ist er frei, physisch und moralisch am Ende. Er erwirkt eine »Unterredung« bei Goebbels, die am 13. oder 14. September stattgefunden hat. Hier erhält die Entlassung ihre ›rechtliche‹ Form in der NS-Version von »Treu und Glauben«: »Begnadigung«. Goebbels gibt sein Wort, der Dichter könne unbehelligt leben und arbeiten, insoweit er sich an die Unterwerfungsbedingungen hält, also nicht wieder in den Zuständigkeitsbereich der »Reichssicherheit« gerate. Andernfalls – siehe Zitat »Totenwald«, Seite 135. »Physische Vernichtung«, das ist »Schutzhaft« unter Lagerbedingungen; es gilt dann die tödliche Kategorie »rückfällig«.

Wiechert hat seine Begnadigung nicht Goebbels allein zu verdanken, und exekutiv war der Minister unbeteiligt. Als Sprachrohr der »Reichssicherheit« aber (seine liebste Rolle!) war er zugleich Souverän über Interpretation und Nachhut der Freilassung. Und genau dies ist signifikant. Die Zugehörigkeit Wiecherts zu Nation und Volk, zu dieser Nation und diesem Volk unter Beweis gestellt zu haben dürfte ihm, nicht Himmler von Bedeutung gewesen sein. Aus den Goebbels-Quellen geht hervor, daß er die Polizei immer auch als seine *Gehilfin* betrachtet hat.

Nun gewährt er die Wieder-Aktivierung von Wiecherts Mitgliedschaft in der Reichsschrifttumskammer, sorgt für milde Vorzensurbestimmungen, wacht über die Einhaltung »*seines* Wortes« (Hilpert) bei der Gestapo, die Bewegungsfreiheit des Dichters betreffend, und waltet *seines* »Erziehungs«-Amtes, indem er dem Häftling 7188, dem die Haare noch nicht nachgewachsen waren, als mahnendes Exempel die Anwesenheit unter seinesgleichen befiehlt, als man sich vom 27. bis 29. Oktober 1938 in Weimar zum Großdeutschen Dichtertreffen versammelt, das unter dem Motto stand »Das Buch, ein Kraftquell der Nation«.

Am 16. November, nach einer Kur in Bad Eilsen, beginnt Wiechert die Arbeit am Roman »Das einfache Leben« und ist schon am 23. Januar 1939 damit fertig. Wer das Buch liest, mag nach Aufarbeitungsspuren aus dem Lager suchen; sie zu legen wäre dem listigen Stilisten nicht unmöglich gewesen, aber er begnügt sich mit undeutlichen Anspielungen. Sein konservativer Horizont war nicht aufgesprengt worden, aber die »Werte« dort waren ihm abhanden gekommen und somit auch »die Empörung«, die zum »Glauben« hätte werden müssen, um aus ihr eine Literatur machen zu können. Er sei nicht »Faust«, läßt er seinen Helden sagen (Seite 330 f., Erstausgabe). Man kann den Eindruck haben, »Das einfache Leben« wolle den Totenwald gar nicht erst zu Worte kommen lassen; als sei nichts gewesen. Das Buch ist aber nur mit den alten sentimentalen Stilmitteln hergestellt und erfüllt einen therapeutischen Zweck; ein Sprachrausch des Vergessens, in das der Autor sich erst einmal, als sei es eine Verlängerung der Bäderkur, fallen lassen wollte. So lese ich heute diesen schwer erträglichen Text. Und die Liebe? Sein ostpreußischer Einsamkeitsheld hat ihr entsagt. Als sie ihn aus den Augen einer (zu) jungen Frau trifft, ist es ihm, »als wenn er auf einen verschlossenen Brief blickte«. Daraus hätte ein anderes Buch werden können. Leitmotivisch schaut der Entsagende mehrere Dutzend Mal auf den Globus, den er in seine Hütte mitgenommen hat, läßt ihn kreisen (Buchenwald ist auf ihm nicht erkennbar), er ist rund wie immer, aber die Gravur, die der Betrachter auf ihm liest, ist unwiderrufbar, »eine zerschlagene Welt«.

Das Buch erscheint in den Krieg hinein. Wiecherts Bücher erzielen zunächst einen Buchabsatz in die Hunderttausende, ehe der »Totale

Krieg« das Papier knapp macht. »Das einfache Leben« geht 1939 explosiv mit 130 Ts. in die erste und zweite Auflage und hat 1942 das 270. Ts. erreicht. Zu seinen Lesern gehört Hans Frank, Reichsminister und »Generalgouverneur« in Polen, der auf seiner eingebildeten Artus-Burg zu Krakau sitzt, Korruptionshäuptling, Schöngeist wie Heydrich, und aus seinem Massenmörderherzen eine Botschaft an Wiechert sendet, er möge an der Rittertafel Platz nehmen.

»Krakau, den 11. Juni 1943. Sehr geehrter Herr Wiechert!

Ich möchte Ihnen meine Bewunderung für Ihr Meisterwerk ›Das einfache Leben‹ ganz kurz zum Ausdruck bringen, da ich aus diesem Ihren Buch weiß, daß Sie den echten Klang noch so stiller Worte vernehmen, wenn diese im tiefen Herzensgrund wurzeln. Für das harte Leben, das sich bei uns Handvoll Deutscher als Führungsschicht in einem Raum mit 14 ½ Millionen Fremdvölkischer abspielt – wir Deutsche sind hier kaum 1,5 % der Gesamtbevölkerung – ist Ihr Buch von der Bedeutung eines dichterischen Gleichnisses, wie man es sich prägnanter nicht vorstellen kann. Ich weiß, daß Sie große Schwierigkeiten mit manchen Dienststellen des Reiches hatten, ich bedaure das auf das tiefste, denn ich halte mich verpflichtet, zu betonen, daß ein Mann, der solche Bücher schreibt wie dieses ›Das einfache Leben‹, verdient die Achtung und den Schutz der in Raum und Zeit Mächtigen.

Hier im Osten habe ich das Wort geprägt: Ostluft macht frei – und so bitte ich Sie, einen Dichterabend hier in Krakau veranstalten zu wollen. Zur Vorbereitung lade ich Sie ein, mich demnächst in Krakau zu besuchen.

Seien Sie mit vielen guten Wünschen freundlichst gegrüßt;

Heil Hitler!«

Ernst Wiechert, von einem Adjutanten-Anruf zusätzlich unter Druck gesetzt, erwidert tapfer und taktisch; schützt Groll gegen die Behörden (denen sein Bergpredigerherz schon verziehen hat, wie er noch oft betonen wird) und gesundheitliche Probleme vor. Auch sagt er etwas trotzig, da die »maßgebenden Reichsstellen« seine Kontakte unter Kontrolle halten, sei der angebotene Besuch in Krakau für ihn »nicht möglich«. Seine Antwort am 19. Juni

1943 ist aber weniger ihrer taktischen als ihrer philosophischen Form wegen bedeutend. Die Absage steuert auf zwei einfache Nach-Buchenwald-Sätze zu. Zunächst: Wer einmal unter dem »Schutz« eines SS-Stiefelmannes gereist sei, der ihn an sich gekettet über den Münchner Hauptbahnhof geführt hat, der begebe sich auf solche Reisen nicht mehr, auch nicht, »wenn sie unter einem anderen Stern stehen« – unverblümt: unter dem »Schutz« eines der »in Raum und Zeit Mächtigen, wie Sie - - -«.

Diese correspondance ist als Ausdruck negativer Konformität von letzter Folgerichtigkeit. Wiechert scheint es so gesehen zu haben; allein die *Tatsache* des Briefs aus Krakau muß für ihn ein Raumlicht von innen auf die Horizontlinien seines *ganzen* Schriftstellerlebens als nationaler Zeuge geworfen haben. Der Beginn seiner Antwort geht, in gebotener Zurückhaltung, sofort auf diese weltanschauliche Insassen-Gemeinsamkeit von Absender und Adressat ein: »Auch der dieser Welt ganz Abgewendete empfindet ein Echo seiner Mühe und Arbeit dankbar.« Pure Höflichkeit ist das nicht. Der Schriftsteller dankt dem Minister für seine »Teilnahme« und bittet, »es dabei bewenden zu lassen«.

Das ist der Briefschluß. Davor eingewirkt jene zwei ›einfachen‹ Sätze: Er habe »in den Jahren des Krieges nur den einen Weg (für sich) gesehen: zu schweigen«. Auf das Lager, wie in Franks Brief, kein direkter Bezug! Wiecherts Gedankenkern: Keine Dichterlesung mehr, sondern »Schweigen, als ob ich tot wäre«.

Der zweite Satz lautet: »Es hat einen Strich unter mein Leben gezogen, über den ich nicht mehr zurückkehren kann.« Diese deutlich passivische Selbstaussage mag kryptisch erscheinen. Zu diesem »Es«: Wiechert hatte im Brief zuvor seine Erfahrung mit dem SS-Staat vorsichtig umschrieben und auf den Kern gebracht: *Es vergißt sich nicht.* Das Spiel mit einem doppelten »es« dürfte ein Hinweis darauf sein, wie der Autor seine Bewegungskoordinaten nach Buchenwald bestimmt sieht. Gewiß scheint mir die Verneinung einer noch möglichen Bewegungs-*Freiheit* ausgesprochen zu sein. Der Satz verwiese dann das Ich und das Es (oder: SS) an ihr Verkettetsein bei jeglicher Bewegung in den Koordinaten »unter« – »über« – »zurück«.

Der Weg den Ettersberg hinauf liegt fünf Jahre zurück. Wiechert hatte schweres Gepäck mit hinaufgenommen, seinen Schicksalsglauben, seinen Konservativismus; sein »Volk«, sein »Vaterland«, seinen »Gott«; seine »Güte« und Leidensfähigkeit, seine Liebe zum deutschen Wald, sein Bild vom jüdischen Volk, von (lasterhafter) Homosexualität, beides angekränkelt vom Gifthauch christlichen Geschwafels; seinen Respekt vor »Arbeiterhandeln« und Menschenwürde, seinen Glauben an Recht und Gesetz; vor allem: das »Wahre« und »Schöne«, Lust und Ethos der humanistischen Bildung. In den zwei Monaten im Lager wird das alles in Trümmer gehen, »Der Totenwald« bezeugt seine »zerschlagene Welt«. In die Wahrheit der Kunst verwandelt, wie es im Nachwort heißt, möchte der Dichter die Trümmer davontragen und sich in eine Literatur der Liebe und Versöhnung zurückretten. Aber die »Reichssicherheits«-Kräfte werden ihn dann nicht von diesem Trümmerfeld überhaupt vertrieben haben. Sie haben ihn gefangen, und er wird gefangen bleiben.

Es ist schwer, den Horizont dieses Feldes, auf dem Wiechert gefangen *beheimatet* bleibt (und wohin auch die Antwort des Dr. Hans Frank auf »Das einfache Leben« gehört), scharf nachzuzeichnen. Kein Essay wird diese Mühe den Leserinnen und Lesern des »Totenwalds«, in dem alles gesagt und umrissen erscheint, abnehmen können. Ein Satz aus dem Buch mag helfen: »Kein Abschied ist schmerzlicher als der vom Lager« (Seite 133); oder ein anderer: »Nur die Blinden schlug das Schicksal - - -.« (Seite 39)

Den Berg hinauf und durch das Tor nimmt Wiechert auch die Erzählungen seiner »Gefährten« aus der Vorhaft mit. Er hatte geglaubt, es werde alles nicht so schlimm kommen; zunächst war ja auch das »Reise«-Ziel von München her Sachsenhausen gewesen, in den bequemeren Behausungen dort warteten prominente Gefangene der Gestapo (auch viele Nazis) ab, was die Untersuchungen erbringen werden, »Vollstreckung« oder Entlassung. Aber dann unterwegs befahl die Gestapozentrale: »Buchenwald!« Wir lesen, welche »Visionen« jene Erzählungen im Dichter hevorgerufen haben (Seite 37-39) – und daß *Buchenwald* sie bestätigt hat (Seite 66 ff.).

Die Erzählungen und die Visionen – Wiechert begann »mit der Seele zu sehen«.

Wir greifen nicht zu hoch, wenn wir hier angesichts dieser Wortbildung den archimedischen Punkt bestimmen, auf dem stehen muß, wer die Hölle dichtet. Es ist, als habe Wiechert in der ersten Stunde Buchenwald diesen Punkt eingenommen und sei sich einer Zeugenschaft bewußt geworden, die ihn fortan an jene Zeichenspur binden würde, die zugleich in die Erinnerungsbilder der Menschheitsgeschichte und der Weltliteratur gezogen ist.

Im Buch ist zu lesen, wie die Spur aufgenommen wird; es beginnt mit der Lektüre in der Polizeizelle in München, »täglich in den Psalmen« (Seite 32), was bloß gut lutherisch sein könnte, jedoch fünf Seiten später anzeigt, daß der Raum der Visionen eröffnet ist – die Geschichte »eines ganzen gemordeten Volkes« (Heine) –, den die Erzählungen der »Gefährten« haben aufblitzen lassen: »die schaurige Vision der Lager, die nachher Wirklichkeit werden sollte« – »die langsame Ermordung unzähliger Juden auf ihren Arbeitsplätzen« (Seite 37).

Nachdem Heinrich Heine, November 1838, sich erstmals anschaulich mit dem Problem der Assimilation und Nicht-Assimilation in der *sephardischen* Säkularisation konfrontiert sieht, im Ghetto von Venedig, schauert es ihn vor der Vision, es werde sich »über den Häuptern der armen Juden ein Verfolgungsgewitter ziehen, das ihre früheren Erduldungen noch überbieten wird - - -«

Der ästhetische (auch Niveau-)Unterschied in einer Literatur, die aus der Kraft der Vision, der Gesichte produktiv wird, ist graduell; und inhaltlich hinkt jeder Vergleich – Zur *analogen Struktur* jeglicher bedeutenden Dichtung aus dem Blickwinkel visionär erzeugten Wissens gehört die redlich intellektuelle Selbstreflexion des Autors. Wo überall liegen seine weltlichen Wurzeln für seine literarische Verantwortung als Beruf? – Heine an der zitierten Stelle begreift den Pan-Theismus, an dem er partizipierte, in diesem Augenblick in der Spanischen Synagoge als eine Quelle des modernen Antisemitismus; Wiecherts »Totenwald« durchzieht der Hader mit seinen liebsten Überzeugungen. In der Hölle ist man auch mit sich selbst.

»Sänftigend ins Herz hinein« kann da, zumal an diesem Ort, auch
Goethes Poesie fließen und die Erinnerung seiner Landschafts-
blicke. Schon den Berg hinauf, wo sie gingen, denkt der Gefangene
an Goethe und Charlotte von Stein, an Verse dann, die an diese Namen genüpft sind, inmitten der Lagerwelt, bei der sogenannten
Goethe-Eiche, dem Mythos-Baum (Buche!), nicht fern vom Galgen, und wieder am Abend vor der Entlassung. Im *Reflexionshori-*
zont der Weltliteratur erinnern solche poetischen Bezugnahmen,
die selbstbezogen tröstend sind und auch den Genuß privat-schö-
ner Beiläufigkeiten in den Zeugnissen der Großen einschließen
(»Es war durchaus sonnig und anmutig umher«, Eckermann und
Goethe auf dem Ettersberg), uns auch daran, daß Wiechert sub-
jektiv die Gründe seiner Haft nicht politisch deutet, sondern als
Dichter reflektiert. Dafür ist das Buch voller Belege, die oftmals
als Anspielung, manchmal als kleinste Erinnerungsstiche in den
Text angebracht sind, wie z. B., Seite 68 f.: Während der »Erziehungsstunde« der Neuankömmlinge schlagen Marterlaute und Befehle über dem Appellplatz zusammen, der Häftling Nr. 7188 hört
einen Anlaut aus Goethes berühmtesten Rhythmen drüberhin, »In
allen Wipfeln spürest - - -«. Durch solche kaum merkliche Öffnun-
gen fällt der literarischen Berichterstattung die Chance zu, die
subjektive Sphäre als Dokument einer zweiten Zerstörung zu entzie-
hen, wie sie ihr in anderen Beispielen der Überlebenden-Überliefe-
rung von naheliegenden politischen Deutungen droht; ich meine
die Chance, das Überdauern subjektiver Erinnerung schreibend
an *das* im Lager zurückzubinden, was dort unausmeßbar objektiv
war und, wie Wiechert in seiner Antwort nach Krakau sagt, *sich*
selbst nicht vergißt – woher sonst auch sollte wahres Zeugnis kommen?
Ich suche abschließend mit dieser Frage ein Stück sprachlicher
Nähe zum Lager herzustellen, zu »Exzeß und Alltag« in Buchenwald (H. Stein).

Der innere Höllenkreis

Daß »Johannes« ein »Politischer« im Lager gewesen sei – die Definition der »Reichssicherheit« –, *annulliert* Wiechert im Buch. Auch seine Gefährten in dieser »Welt der Rätsel und des Grauens« (Edmund Rothemund, Josef Biesel, Wilhelm Kilb, Walter Husemann) sahen ihn nicht so. Sie wußten oder ahnten etwas Anderes, Besonderes in diesem Gefangenen, dessen physische Gefährdung sie erkannten (das Herz, die lager-berüchtigten Ödeme); er sollte einmal nicht »durch den Schornstein gegangen« sein (Seite 86).

Im Nachwort, geschrieben im Frühjahr oder Sommer 1945, nimmt Wiechert für seine Erinnerungen einen Kunst-Bonus gegenüber der »Wirklichkeit« in Anspruch. In seiner ganz und gar a-modernen Sprechweise beschwört er in naiv anmutender Rhetorik – »Wahrheit« / »Wahrheit« / »Wahrheit« / »Wahrheit«! und noch einmal abgesetzt von »Wirklichkeit« ein fünftes Mal »Wahrheit«! – eine Position, die selbst dann, wenn sie im »Totenwald« nicht verwirklicht wäre, auf höchsten Stufen des Nachdenkens über die besonderen, ja einzigartigen Möglichkeiten der Literatur, »Wirklichkeit« darzustellen, Beachtung verdiente – und alles andere ist als naiv, gerade angesichts der SS-Lager im 20. Jahrhundert. Diese Behauptung steht unter Beweispflicht. Deshalb im folgenden einige Bruchstücke aus meiner analytischen Beschäftigung mit einem der schätzenswertesten politischen »Erlebnisberichte« über Buchenwald (Zahnwetzer 1946). Die kleine Broschüre, im Selbstverlag erschienen und nur noch bedingt zugänglich in Archiven, fordert wegen ihrer politischen Interpretation des Berichteten zu einem Vergleich mit der Sprache des Häftlings 7188 erhellender heraus als später geschriebene Lagerliteratur (z. B. Antelme, Wiesel, Levi, H. G. Adler, Jean Améry, Semprun, Rosenblatt-Wander), deren künstlerischer Anspruch unbezweifelbarer zu sein scheint als der des »Totenwalds«.

Der Verfasser lebte im Lager zur Zeit Wiecherts als politischer Häftling (seit Januar 1938, Haft-Nr. 1407, entlassen Juni 1940). Er beschreibt, ähnlich wie Wiechert bis zu nahezu wortgleicher Referenz auf Zustände und Täter, was ein geschundener Häftling im Arbeitseinsatz, auf dem Appellplatz und in und zwischen den Barakken von der Wirklichkeit während der Monate Juli und August 1938 wahrnehmen konnte. Auch ist der gewissenhaft überlieferte Tatsachengehalt seines Berichts hochrangig und verbreitet Wissen durch Mitleid. Wenige haben wie er, wenn seine ausgebreitet plakative Regime-Kritik für den mitleidigen Individualblick Platz ließ, z. B. so unverstellt vollständig skizziert, welche Behandlung die »ASR«-Häftlinge zu erleiden hatten. Dasselbe gilt für seine Erzählung der besonderen Torturen, die die Politik der »Ausrottung und Vernichtung« über die jüdischen Häftlinge gebracht hat. Deshalb kann von einer ähnlichen dokumentarischen Haltung zur Wirklichkeit bei beiden Autoren gesprochen werden, wenn Wiechert auch konzentrierter mit den empirisch eingesetzten Bildern verfährt. Ähnlich sind unbedingtes Sehen-Wollen, sprachliche Genauigkeit bis ins Detail und Treue-Bindung an die Opfer.

Diese Treue betrachtend, die sich in Gesten der Dankbarkeit für lebensrettende Interventionen von »Kameraden«, den »Gefährten« der Häftlings-Selbstverwaltung, und in Gesten mitleidender Solidarität mit den besonders Gequälten äußert, erschließen sich uns jedoch die Unterschiede im Vergleichbaren.

Zahnwetzers kürzerer Text (63 Seiten) nimmt den Kontakt zur Leserschaft der Nachkriegszeit mit Hilfe von erheblich mehr solcher emotionaler Gesten auf, als Wiechert das tut, was viel besagt, denn Mitleid und Dankbarkeit im Bericht lassen auch bei ihm nichts zu wünschen übrig. Dieser Häufigkeitsbefund läßt nach der *Bedeutung* solcher Gesten in beiden Erzählungen fragen. Wiechert läßt es wegen guter Taten von »Häftlingsfunktionären« und angesichts ihrer nicht seltenen Opfertode weder zu einem Hohenlied auf die Rettung der »Humanität« noch zum Existenzbeweis eines »Anderen Deutschlands« kommen – nicht auf diesem Gelände! Sein Gestus ist Liebe zu »euch« (!) liebenswerten Klassenkämpfern in Distanz; *euch* geht die Sonne nicht unter (Seite 12). Anders Zahnwetzer. Während Wiechert, nach seiner Rückkehr in sein Haus im September 1938, erst im Oktober 1939 beim Schreiben des Buches die Trümmer seiner Ideologie zusammenklaubt und es im Garten vergräbt, übernimmt der andere Autor wortreich, sobald er nach der deutschen Kapitulation frei schreiben kann, die publizistische Verantwortung für eine ideologisch über-artikulierte *Zuversicht*, die er *inmitten des Grauens* empfunden hatte.

»Es ist Juni 1938. Das Lager füllt sich immer mehr mit Häftlingen. Massen kommen, arbeiten, hungern, sterben. Die Arbeitskommandos passieren wankend in Marschkolonnen das Tor. SS eskortiert. Die Häftlinge sind vollkommene Sklaven. Wenn befohlen wird zu singen, singen sie. Ihre Lieder füllt Sehnsucht, Hoffnung und Glauben. Es ist die Freiheit, die ihnen als Höchstes vorschwebt, Freiheit, die Wahrheit und Recht in sich birgt. Und nur die Hoffnung hält sie aufrecht.
Sie singen [von Zahnwetzer etwas vordatiert, die letzte Strophe des »Buchenwald-Liedes« von Fritz Löhner-Beda und Hermann Leopoldi]:

> Die Nacht ist kurz und der Tag so lang
> Und ein Lied erklingt, das die Heimat sang
> Wir lassen den Mut uns nicht rauben.
> Halte Schritt, Kamerad, verlier nicht den Mut
> Wir tragen den Willen zum Leben im Blut
> Und im Herzen, im Herzen den Glauben.

Sie singen, sie arbeiten, sie sterben.
Die ersten Juden treffen ein. (---)«

Anders das Torbild bei Wiechert drei Wochen später, Seite 71: »Er empfing den flüchtigen Eindruck---«
Wer will sich anmaßen, dem politischen Bericht diese Erinnerung an eigene Gefühle nicht zu glauben! Doch Zahnwetzer möchte sie auch für die Mitgefangenen überhaupt bezeugen und drückt diesen Willensakt mittels herausgehobener Kollektivszenen immer wieder aus. Ihre Botschaft sprengt den Rahmen, der einem persönlichen Zeugnis gesetzt ist, und drängt dokumentierte Schreckensbilder und Märtyrer-Portraits in eine ideologische Funktion, die dem Text einen *Sinn* und einen *Handlungscharakter* gibt. Nichts könnte

zur Wirklichkeit der meisten Menschen im Lager, die der Text doch dokumentiert, krasser im Widerspruch stehen als diese Tendenz. Steht ihre Redlichkeit auch außer Frage – der Widerspruch gräbt sich Seite um Seite tiefer in die Schrift und festigt ihre Struktur als Erzählen ohne ein Ich im Text, das sich als erzählendes selbst reflektieren könnte.

Der Häftling 7188 dagegen öffnet *sich*, *seine* Sinnesorgane sofort nach der Ankunft (Seite 66 ff.) und schärft ihre Wahrnehmungsfähigkeit nach überall hin, auch hinter sich, unter sich; sucht jenen archimedischen Punkt (168), von dem aus (Seite 81 ff.) er die Ausstrahlung seines *Erkenntnis*-Willens – er »sah«, er »sah«, er »sah«, »hörte« - - - - in Konkurrenz zur Souveränität der Wachscharen – über dem Gelände kreisen lassen konnte, damit er »alles« auffassen und bezeugen könne, wenn im Tal Josaphat einmal – Horizont der Weltliteratur! – jedes Wort gegen die Völker gewogen werden wird. Daher, dazu passend, sogleich (Seite 86), als das Kreisen des reflektierenden Ich ein erstes Mal zum Stillstand kommt, wieder die Ruhe in der Anlehnung an jene Welt der Verse, und am Ende des dritten Tages: »Heimat« im Lager! bei den »Gefährten«, den politischen Gefangenen der Selbstverwaltung, den Beobachtern und Helfern, die sich dem Dichter gesellen, der ihnen wesensfremd ist.

Der Duktus einer »ich«-zurücknehmenden Sprache mag, in Schulklassen und Lesezirkeln gern »Bescheidenheit« genannt, auf eine positive Aufnahme immer rechnen können; auf sie hat eine politisch verabredete »Aufklärungs«-Literatur im 20. Jahrhundert auch immer gesetzt. Aber wie »positiv« ist es, wenn ein Ich »zurückgenommen« wird aus einem Bericht, der seelische »Haltungen« pauschal und fraglos einem ins Hundertfache, ja ins Massenhafte verallgemeinerten Nicht-Ich (»Kollektiv«) zuschreibt, die nur im Besonderen, Individuellen möglich sind und Gestalt annehmen können? Und an wen soll sich wenden, wer sich im Berichtsraum beim Lesen frei bewegen und wissen oder begreifen will, wie ein gequälter Leib seine Seele in Zuversicht und Hoffnung in diesem »Alltag« mochte erhoben haben können – *zum Beispiel* unter Kolbenschlägen und Fußtritten? auf dem »Prügelblock«? in den Folterzellen und Heißluftkästen? beim »Baumhängen«? oder zusammengepfercht hinter vernagelten Türen in »Sonderbaracken« ohne Wasser und Abtritt? Zuversicht in der Hölle des Steinbruchs?

Insoweit in der Lager-Selbstverwaltung politische, meist kommunistisch organisierte Häftlinge sich gegen die Kriminellen durchsetzen konnten und für ihre Mithäftlinge »illegal«, die fast sichere »Todesstrafe« vor Augen, oft lebensrettend wirkten, dominiert in der Überlieferung die Rede von »Märtyrern«. In der Tat opferten sie sich auf und starben infolge ihrer Überzeugung. Am Beispiel Walter Krämers, eines kommunistischen Volksvertreters in der Weimarer Republik, verhaftet 1934, in Buchenwald seit 1937, von Sommer 38 bis zu seiner Ermordung am 6. November 1941 Krankenpfleger, zuletzt (seit April 1939) Erster Pfleger im Krankenbau, porträtiert Zahnwetzer einen solchen Märtyrer. Was er zu berichten hat, drückt ihm buchstäblich das Gewissen ein, und weil es etwas ist, das »sich selbst nicht vergißt«, läßt er wissen, wozu politische Verallgemeinerung gut sei: »Ich möchte nicht in den Strudel der Einzelheiten grausamer Erinnerungen versinken.« Das Märtyrer-Portrait Krämers gerät verlogen; oder, der Autor stellt sich so gut es mit seinen Worten geht der Tatsache: daß etwas im Widerstand gegen die SS stattgefunden hat, das nach 1945 als die verbreitetste Chiffre der Shoah um die Welt gehen wird: *Selektion*: »Ein einzelner Mensch, hier ein Häftling, entscheidet über Leben und Tod der anderen.«

Die SS-Ärzte betätigen sich als zynische Aufseher und Mörder – Krämer, von Beruf Schlosser und Politiker, übernimmt im Lager Arztfunktion, hatte sich dafür medizinische Kenntnisse selbst angeeignet, operiert Häftlinge, behandelt sie mit entwendeten Medikamenten, abends, »wenn die SS nicht mehr im Lager ist«. Immer von neuem muß gegen oder für einen »einzelnen Menschen« die Selektion entscheiden. Unter Tausenden, denen er nicht helfen konnte, hat Krämer mit seinen Vertrauten Ungezählte, vermutlich nicht wenige, gerettet, indem er sie der Vernichtung durch Arbeit entzog, in den mörderisch kleinen Krankenbau holte und dort heimlich therapierte.

Es ist kein Einzelfall in der politischen Überlieferung des »fast Unvorstellbaren« der Naziherrschaft, daß, um seinem »Strudel« zu entgehen, Zuflucht gesucht wird in Diskursen, die *Einzelnes* einem *Allgemeinen* zuordnen. Klare Fronten zwischen Böse und Gut werden geschaffen. Redend über das Gute, verliert man sich fasziniert an Täter-Bilder. So auch hier. Die »Wachscharen« sind das Lager, das Lager setzt das Maß aller Dinge. Doch das Ur-Ereignis zwischen Mensch und Mensch – Ich wähle Dich aus, nicht Dich – hat sich in diesem stillgestellten Augenblick untilgbar den Seelen eingeschrieben; den zum Tode Bestimmten und den Überlebenden. Anstatt der Toten zu gedenken – in der Wahrheit der eigenen Tätertragik –, wendet der ratlos politische Überlebenden-Diskurs sich von ihnen und »sich selbst« ab und gibt gefühllos die Parole aus: »Es galt, einen Todgeweihten, welcher nach ihrer Ansicht als Gegner des Nazitums nach dessen Zusammenbruch der Menschheit noch wesentlich dienen konnte, den Tatzen der Hitlerbestien zu entreißen«, und andre nicht.

Die Politik geht weiter. Auch im Text noch. Ist es doch gewiß dem getreuen Bericht eines solchen Dilemmas nicht angemessen, es mit solchen Worten nachträglich als lösbar bewerten zu wollen. Deshalb läßt sich als Dienst an der Zukunft des *Patienten*, der nach der Befreiung weiter kämpfen werde, die erzählte Entscheidung, die in einer moralisch ausweglos eingekeilten Lage getroffen werden mußte, guten *eignen* Gewissens im Bericht auch gar nicht rechtfertigen. Und deshalb endet die Zuflucht der Rationalisierung in dem schrecklichsten der sprachlichen Schrecken, den die Befreiung aus ihrer Vorgeschichte in den Lagern nun schriftlich herausläßt. Der Berichterstatter schlägt vor, der Nothelfer Walter Krämer, der half, indem er »selektierte«, werde als »leuchtendes Vorbild im Kampfe für eine Welt der Freiheit, der Gleichheit, der Brüderlichkeit (- - -) die Zeit überragen«.

Wir können in Wiecherts Text verfolgen, wie er an »sich selbst«, als Begünstigter der Selektion im Widerstand, herausfindet, wie darüber zu erzählen sei. *So* werden sprachliche Monaden des »fast Unvorstellbaren« gebildet, in welchen sich die Lagerwirklichkeit verdichtet hat, während der politisierende Bericht das erlebte »fast Unvorstellbare« in ein verunstaltet heiliges Märtyrerbild verwandelt und dergestalt, bloß redlicher Bericht, gut zitierbar einer nachtödlich klischierenden Gedenkkultur überläßt. Der wunderbare Krankenpfleger Walter Krämer, den der Häftling 7188 sehr wahrscheinlich als Nothelfer kennengelernt hat (Seite 101?), habe gehandelt »in dem Bewußtsein, im Kampfe gegen das Tyrannentum seinem Gewissen gehorcht und leidenden Menschen gedient zu haben«. Hat Walter Krämer *in den Augenblicken seines Tuns* ideologisch gedacht? Es dürfte keine absurdere Frage geben.

Das tragische Beispiel hebt das Furchtbare des Beispiels ins Licht des politischen Märtyrertums und verschattet dabei unwillkürlich seinen Ursprung in der Logik des Lagers. Das funktioniert nicht gut; infektiös faszinierter Bildgebrauch kündet vom erfolgreichen *Über*sprung des Schrecklichen der SS-Gewalt auf die sprachliche Phantasie schon *im Lager* und auf eine Legitimationshaltung, von dorther mitgenommen, gegenüber der »furchtbar deutlichen Tatsache« der Selektion im Widerstand und der *unheimlichen* Tatsache gegenüber, daß sie auch hier (»in der Welt der Rätsel und des Grauens«!) ihre *Täter* hatte: Sie seien »*menschliche Opfer auf dem Altar des blutdürstigsten Molochs in der Geschichte der Menschheit*«. Und es zeige sich »*der unendlich tiefe Abgrund, in welchen die zivilisierte Menschheit durch Tyrannenwahnsinn gestoßen* wurde.«

Kurz ist der Weg vom SS-Handeln zu seinem oppositionssprachlichen Abbild. Der redliche Erzähler bezeugt die dergestalt geförderte, verkehrte Gedenkhaltung eindrucksvoll und stärkt ungewollt das Interesse am literarischen Gegen-Entwurf, der sich auf eine Metaphorik nicht einläßt, die von der Souveränität des Gewalthabens im Lager ebenso ablenkt, wie sie eine meditativ-selbstreflexive Sicht auf die schreckliche »Gut«-Seite in der ideologischen Böse-gut-Schematik verbaut.

Der Kernpunkt der Kritik, die aus Wiecherts Blickwinkel auf Zahnwetzers Text trifft, ist der politische Fluchtzug der subjektiven Erinnerung fort aus der Unmittelbarkeit menschlicher Nähe, sobald die Ideologie mit ihren Klischees, z. B. mit ihrem Zuversichtsappell »Zukunft!« über sie hinwegzusehen befiehlt. Auf ideelle Menschen-Trennung läuft die Flucht in solche Perspektiven hinaus, auch ideelle Trennung der Politischen im Lager von den Juden im Lager. Die Zurichtung der eigenen Ideologie als eine ›positive‹ Aufhebung der feindlichen schafft dazu die sprachlichen Muster.

»Diese Menschen starben, sie wurden ermordet, weil sie Juden waren, weil ein Irrsinniger im Lande regiert, ein Tyrann als Führer einer irrsinnigen Verbrecherclique. Sie starben, weil diese Irrsinnigen und Verbrecher die Machtmittel des Staates in Händen hatten, eines Staates, dessen Volk ihr erstes Opfer wurde, degradiert zum Sklavenvolk, ohne Recht, ohne Freiheit.«

Man mag, ideologisch, beklagen, was hier verkündet ist, mit welchen Folgen für die Kultur! Dieses Opfer-Konkurrenz-Denken, o mein Gott!, so früh - - - Aber, was ich hier nur andeuten kann, in der Syntax passiert Schlimmeres. Die Juden *starben* – sie sind *in dieser Sprache* gestorben! als Volk, das nicht nur bereits verurteilt ist, sondern auch bereits tot. »Wir« sehen die Menschen noch, aber wir können nur noch nach-protokollieren, was wir sehen; ein Beweis jüdischen Seins fehlt im Satzgebilde. Das deutsche Volk fehlt nicht, es lebt in der Gnade der frühen Versklavung. Das tödliche *weil – weil – weil*-Stakkato allerdings, das wie zeitlos ist, die Zeit leer hämmert, ein zeitloses Über-Ich sprechen läßt, es ist bloß ein Echo aus der Sprachtiefe des Unbewußten: Wir trauern im Entsetzen über uns selbst als Angehörige des deutschen Volks – das erst reißt den Abgrund zwischen ihnen und uns jetzt in der Gegenwart des Greuelberichts unüberbrückbar auf: Wären *sie* nicht gewesen, dann erst wären *wir* frei von Schuld. Jetzt sind wir nur frei von »Recht und Freiheit«, was uns nicht hindert, zuversichtlich und voller Hoffnung zu sein.

Ich kenne keinen politischen Bericht, der in seiner Berichtszeit die »Sonderbehandlung« der Juden über die ›Stufen‹ der Juni-Razzien, der »Evakuierungen« aus Dachau, der »Eingänge« aus Wien und nach den November-Pogromen vergleichbar genau *und* zugewandt beschrieben hätte. Doch wer diese Qualität unter dem Aspekt der deutschen Ideologie der Opfer-Konkurrenz sieht, erkennt ihre Rolle in der Entwicklung zum Philosemitismus im deutschen Nachkrieg. Der Vergleich mit dem literarischen Bericht schärft diese Bewertung. Die politische Polemik gegen das Regime dringt noch im innersten Höllenkreis, im »Steinbruch«, bis ins Bild der Opfer vor, die soeben qualvoll sterben (aber das weiß man doch, suggeriert dieses Verfahren: Das Tier im SS-Posten sieht seine Untaten als »Beitrag zum Aufbau des Dritten Reiches«, »das Dritte Reich wächst ja im Blute seiner Opfer«). So raubt der Erzähler den Opfern ihre Persönlichkeit damals, im polemischen Hinsehen, und *jetzt*, im Gedenken. Später, im philosemitischen Kollektiv, wird diese Funktionalisierung des Bilds der Menschen gerinnen zur schmerzkostenfreien Mitleidshaltung den Anderen gegenüber, die so anders geblieben sein werden, wie sie jetzt erscheinen: Opfer einer Clique, die *uns zuvor* versklavt hatte. Angesichts des »Steinbruchs« hat die Stunde geschlagen, da dem Berichterstatter nicht mehr auffällt, daß er die ausgeklügelte »Sonderbehandlung« der Juden in Buchenwald, ihre planvolle Vernichtung durch Arbeit, nicht mehr beschreiben kann! Dort aber fiel sie auf wie nirgends.

Der Dichter dagegen hatte im Steinbruch den Inhalt seiner Vision erkannt, und er konzentriert seine Darstellung darauf, in ein Bild zu fassen, was ihm das absolut Neue war – *Seite 83 –;* Bild und Fassung, eine präzis gestaltete Kunstmonade, sind das Herzstück seines Buches.

Der monadische Charakter der Darstellung – in sich selbst offen zu sein mit Wirkung nach außen – wird topographisch hergestellt; Leser werden zum Nachgehen geladen. Ich gehe auf das »Gelände des Steinbruchs« (Seite 78) und überlasse mich der topographischen Führung des Textes auf das Bild Seite 83 zu und in die weiteren Seiten; komme zuerst dorthin, wo der Häftling 7188 mit seinem »Arbeitskommando« auf einem bewacht abgezirkelten Wegstück zwischen der Straßenbaustelle oben am Bergkamm und dem Abstieg zum Steinbruch, ohne *ihn selbst* je genau einsehen zu können, als Steinschlepper – hin und her – eingesetzt gewesen ist (Seite 81) und die Marter des einzelnen Menschen auf diesem Teil des Weges sah und hörte, während er selber sich hinauf und hinunter bewegte und für eine Wegkrümmung dankt, weil sie das Auge für dieses eine Mal bewahrt, an das Ende der Untat sehen zu müssen. Ich folge dem Text, der noch einen zweiten Blick beschreibt, der während des schleppenden Gangs nach oben auf eine weitere dieser »Exzeß«-

Szenen gerichtet ist, verübt auf dem berüchtigten Wachtposten an der Ecke zur westlichen Bruchkante wieder gegen einen einzelnen Menschen. Dann schreibt der Dichter jenes Bild, das »ein ganzes gemordetes Volk« (Seite 169) heraufbeschört; den dabei erinnerten Blickpunkt des Häftlings erreicht der erzählende Text zeitlich fiktiv sofort nach den ›Einzelszenen‹, während der Häftling in Wirklichkeit dorthin, nämlich auf die obere Straße, wo die Kolonne »ein wenig ausruhen« darf, erst wieder gelangen mußte. Ich nehme mir die Zeit, diesen Weg auch wirklich erst hochzugehen und die oben gewährte Textruhe zu nützen. George Steiner hat 1960 von der Ruhe in Wiecherts Bericht gesprochen. Das ist der Punkt. Eine *Völker-Begegnung* wie diese, wenn man dem Tätervolk angehört, bedarf der Ruhe, sich ganz auf sich selbst zu konzentrieren mitsamt dem alten Leben und seinen Vorlieben im Augenblick eines solchen Vorbeizugs. Das gilt auch für Leser. Was anfangen z. B. mit dem Goetheblick südwestlich übers thüringische Land, über den Abgrund hinweg? Der Blick blitzt auf, wenn auch das unmittelbar Wirkliche dem Auge die »ferne Schönheit« *verbietet* (Seite 81).

»Es war nämlich so - - -«

Den inneren Kreis der Hölle sah der Häftling nicht. Dort »entledigte man sich« der Juden nicht einzeln. Im Hinschauen *von dort her* erinnert der Text das Bild eines *gesteinigten* Volkes, das auf dem schmal aufgeschütteten Schleppweg heraufkommt und an der Arbeitskolonne der nicht-jüdischen Häftlinge vorüberzieht. Der Dichter sucht der Einzelnen zu gedenken; sucht in den Gesichtern, den Gestalten, in dem »Blick ihrer Augen« (»diesem unbeschreiblichen, rätselhaften Blick«, Heine 1838) den »Begriff des Menschen und auch den Begriff Gottes« zu finden – vergeblich. Dieses Bild entzieht sich in seiner visionären Vollendung und furchtbaren Singularität dem Begehren des Sehenden sowohl nach dem individuellen Ebenbild Gottes als auch nach dem Klischee vom »uralten Volk«. Der Autor läßt keinen Zweifel daran, daß der Häftling 7188 ihn im Buch vertritt, aber nicht mehr mit ihm identisch ist. Im Bild: Beide sehen ihn aber, »den langen Zug der Verdammten aus der Tiefe«, sehen das *Volk*, dem in dieser »Hölle der Qualen« der Begriff seiner selbst gemordet worden ist. Neben den Filmbildern aus den befreiten Lagern 1945 schuf Wiechert (wahrscheinlich schon im Oktober 1939) das erste literarische Bild in deutscher Sprache, das einen deutschen Konservativen vergegenwärtigt, der wußte, »nur am Tor gestanden« zu haben (Vorwort 1945), aber auch, daß er, dieser konservative Autor, als Häftling unten am Rande des Steinbruchs in den »irren, verstörten Augen« der Geschundenen die Shoah erblickt hatte, die er noch nicht zu benennen vermochte, als er 1939 ihre Realvision aufschrieb. Wiechert weicht im Vorwort in die ihm vertraute Symbolsprache aus; die »große Symphonie des Todes« werde von Berufeneren geschrieben werden. Er habe »die Einleitung« dazu verfaßt.

Bis ans Ende seines Aufenthalts habe er immer wieder den Blickpunkt auch oben im Lager aufgesucht, wo »der Elendszug der Juden« an ihm vorbeikam. Dieses sei der Augenblick gewesen, den sein Gedenken festhalten werde (Seite 130 f.). – Unangesehen, daß die alte Person Wiechert angesichts dessen, »was sich nicht vergißt«, aus allem heraustritt, woran sie sich trotz der Wahrheit dieses unvergeßlichen Augenblicks noch klammert – die Trümmer seiner Weltanschauung bleiben dem weiterlebenden Schriftsteller doch im Gepäck, wie die Seiten 84/85 noch aus der Lagerzeit selbst erzählen. Mit diesen Trümmern (Traumata) sollten wir ihn, während auch wir den Lagerbericht noch weiterlesen, wieder mit sich allein lassen. Immerhin, im Kern des Höllen-Bildes wird *historischer* Antisemitismus ausgebrannt, und Gesetzesglaube stirbt im Weltmaßstab, und hier ruhen auch wir in schönen literarischen Anspielungen des Buches am Rande der »Hölle der Qualen« in der Tat ein wenig aus – denken wir z. B. nur daran, wie im Untergrund der Chiffre vom Zerbrechen der »Tafeln aller Gesetze« (Seite 83) die mosaische Exodus-Dichtung zu leben beginnt, wenn auch höllengerecht parodiert. Aber künstlerische Konzentration zeichnet diese Folgeseiten nicht mehr in dem Maße aus wie die Gestaltung der drei Tage im Steinbruch; die Trümmer einer Weltanschauung, in der Wiechert zu Hause war, behalten Stimmenrecht, ob es ein Stück christlich dumpfen Über-Juden-Geredes ist oder, frei nach Hegel, ein Völkervergleich im Lichte des Weltgerichts. Am schönsten ist doch der Gang zu jener »Eiche«, wo es sich ausruhen läßt mit Häftlingen, die auch wissen, wer Goethe war. Zuvor aber ist der Künst-ler Wiechert noch einmal ganz bei sich selbst, erinnert ein Gespräch mit dem 38jährigen Schlosser Josef Biesel aus Saarbrücken (Seite 85), der ihm im Lager »ein Stück Heimat« vermitteln wird und ihm erst einmal in einem kristallischen Gleichnis von der tödlichen Gefahr des Mitleids spricht. »Du mußt durchgehen durch alles wie ein Stein, und erst später - - - ja, erst später - - -«. Häftling 7188 wird, wenn er das Lager am 24. August 1938 verläßt, wieder erst noch bei seiner Goethe-Eiche vorbeischauen; wir aber sind am Ende des Romans eines Mitleidlosen, der in Wirklichkeit voller Mitleid war, an die letzten Nach-Buchenwald-Seiten in Imre Kertész' »Ro-man eines Schicksallosen« erinnert, wo wir lesen, »daß man nie ein neues Leben beginnen, sondern immer nur das alte fortsetzen kann«.

Notiz zur Edition

Der Druck erfolgt nach den deutschen Lizenzausgaben »Der Totenwald«, die auf die Erstveröffentlichung des Rascher Verlages Zürich, Dezember 1945 (Erscheinungsdatum 1946), zurückgehen. Die im Nachwort mitgeteilten Daten zur Erstveröffentlichung sind Frau Ruth Häusler, Handschriftenabteilung der Zentralbibliothek Zürich, zu danken. Aus ihren freundlichen Recherchen geht hervor, daß aus Wiecherts Verlagskorrespondenz mit Hans Rascher noch manches zur frühen Druckgeschichte des Buches zu erfahren sein wird.

Für entscheidende Hilfen bei den Recherchen zum Nachwort danke ich vor allem Harry Stein, Kustos der Stiftung Gedenkstätten Buchenwald und Mittelbau-Dora. Bei dem Versuch, Registerdaten von Häftlingen im Akten-Kontext der NS-Gewaltapparaturen als menschliche Zeugnisse des Lebens oder auch des Todes und darüber hinaus historisch ›richtig‹ zu lesen, war mir seine Unterstützung unentbehrlich. Dasselbe gilt angesichts der Schwierigkeit, »Die Hölle der Qualen«, den Steinbruch, aus Wiecherts Blickwinkel topographisch zu rekonstruieren.

Und zu danken habe ich Lorenz Grimoni, Leiter des Museums Stadt Königsberg, Duisburg. Er hat mir, so gut es eben ging, mit seiner freundlichen Hilfsbereitschaft über Bestands- und Benutzungsprobleme im dort lagernden Wiechert-Archiv hinweggeholfen.

Und Dank für Hilfe und Winke bei den Recherchen sage ich auch Sabine Stein, Jan Bürger und Harald Hartung. Und es versteht sich, daß mir moralische Unterstützung not und gut tat; hier ist die Namenliste länger, und ich belasse es bei diesem Hinweis.

Benützte Dokumente und Literatur

Guido Reiner, Ernst Wiechert im Dritten Reich. Eine Dokumentation, Paris 1974 (Selbstverlag). Gerhard Kamin (Hg.), Ernst Wiechert. Häftling NR. 7188, München 1966. Harry Stein, Juden in Buchenwald 1937-1942, Buchenwald / Weimar 1992. Gedenkstätte Buchenwald / Harry Stein, Konzentrationslager Buchenwald 1937-1945. Begleitband zur ständigen historischen Ausstellung, Göttingen ^{5}2007. Volkhard Knigge, »- - - sondern was die Seele gesehen hat«. Die Goethe-Eiche. Eine Überlieferung, in: Ders. und Jürgen Seifert, Vom Antlitz zur Maske · Wien · Weimar · Buchenwald 1939 / Goetheblicke auf Weimar und Thüringen. Gezeichneter Ort (Katalog), Wien und Weimar 1999, Seite 64 ff. Moritz Zahnwetzer, KZ Buchenwald. Ein

Erlebnisbericht, Kassel-Sandhausen 1946. Wolfgang Ayaß, »Ein Gebot der nationalen Arbeitsdisziplin«. Die Aktion »Arbeitsscheu Reich« 1938, in: Wolfgang Ayaß u. a., Feinderklärung und Prävention. Kriminalbiologie, Zigeunerforschung und Asozialenpolitik, Berlin 1988 (= Beiträge zur nationalsozialistischen Gesundheits- und Sozialpolitik. 6), S. 43 ff. Günther Pflug (Hg.), Die jüdische Emigration aus Deutschland 1933-1941. Die Geschichte einer Austreibung (Kat.), Frankfurt am Main 1985. Robert Weltsch, Tragt ihn mit Stolz, den gelben Fleck. Eine Aufsatzreihe der »Jüdischen Rundschau« zur Lage der deutschen Juden, Berlin 1933 / Nördlingen 1988. Léon Poliakov, Geschichte des Antisemitismus, IV: Die Marranen im Schatten der Inquisition, Worms 1981. Eugen Kogon, Der SS-Staat. Das System der deutschen Konzentrationslager, München [43]2006. Heinz Boberach (Hg.), Meldungen aus dem Reich 1938-1945. Die geheimen Lageberichte des Sicherheitsdienstes der SS, I und II, Herrsching 1984. Raul Hilberg, Die Vernichtung der europäischen Juden, I und III, Frankfurt am Main 1990. Saul Friedländer, Das Dritte Reich und die Juden, I: Die Jahre der Verfolgung 1933-1939, München 1998.

Bibliothek Suhrkamp
Verzeichnis der letzten Nummern

Bibliothek Suhrkamp
Alphabetisches Verzeichnis